Einfach lecker vegan

Einfach lecker vegan

Über 60 Rezepte mit wenig Aufwand

riva

Inhalt

Express

Höchstens 30 Minuten

Sie haben wenig Zeit, aber es soll doch schnell etwas Nahrhaftes
zu essen geben? Vegane Gerichte gelten als nicht gerade
einfach in der Zubereitung, mit diesen Rezepten steht
allerdings ruckzuck etwas Leckeres auf dem Tisch.

TAMARI-NUDELSALAT IM GLAS

ZUBEREITUNGS- UND KOCHZEIT: 20 MINUTEN | FÜR: 2 PERSONEN

100 g getrocknete Reisnudeln

250 g Naturtofu, in Würfel geschnitten

80 g Rotkohl, fein gehobelt

2 kleine Karotten (140 g), in feine Streifen geschnitten oder geraspelt

2 EL veganes Kimchi

80 g Keimsprossen

30 g frische Korianderblätter

30 g frische Minzblätter

Sesam-Dressing

6 cm frischer Ingwer

2 EL Tamari

1 EL Sesamöl

1 EL natives Olivenöl extra

1 EL Reisweinessig

1. Die Nudeln in einem mittelgroßen Topf mit kochendem Wasser in ca. 6 Minuten weich kochen. In ein Sieb abgießen und unter fließend kaltem Wasser spülen.
2. Das Sesam-Dressing zubereiten (siehe unten).
3. Die Tofuwürfel in 2 Gläser mit Deckel (875 ml Fassungsvermögen) geben und mit dem Dressing begießen. Schichtweise Kohl, Karotte, Nudeln, Kimchi und Keimsprossen in die Gläser füllen, dann die Kräuter darauf verteilen. Die Gläser verschließen und bis zum Verzehr im Kühlschrank aufbewahren.
4. Zum Servieren den Inhalt der Gläser in 2 Schüsseln füllen und durchmischen.

Sesam-Dressing: Den Ingwer schälen und fein reiben. Den geriebenen Ingwer über einer kleinen Schüssel mit der Hand ausdrücken, das sollte ungefähr 1 Teelöffel Ingwersaft ergeben. Die Ingwerschale wegwerfen. Die restlichen Zutaten dazugeben und alles gut verrühren.

BOWL MIT GEMISCHTEN KÖRNERN

ZUBEREITUNGS- UND KOCHZEIT: 20 MINUTEN | FÜR: 2 PERSONEN

80 ml natives Olivenöl extra

1 Knoblauchzehe, gehackt

250 g Mischung brauner Reis und Quinoa für die Mikrowelle

Salz

300 g Rosenkohl, geputzt, halbiert

150 g Palmkohl, geputzt

1 mittelgroße Avocado, Fruchtfleisch in Scheiben geschnitten

50 g Kürbiskerne, geröstet

1 EL frische Basilikumblätter

Tahini-Dressing

2 EL Tahini

15 g frische Basilikumblätter

3 TL Weißweinessig

125 ml Wasser

Salz

1. Das Tahini-Dressing zubereiten (siehe unten).
2. In einer großen Bratpfanne bei mittlerer Hitze 2 Esslöffel Öl erhitzen. Den Knoblauch darin 30 Sekunden anbraten. Die Reis-/Quinoa-Mischung dazugeben und 5 Minuten unter Rühren mitbraten, bis sie anfängt, knusprig zu werden. Die Reismischung in eine Schüssel umfüllen und mit Salz abschmecken. Zum Warmhalten zudecken.
3. In derselben Pfanne 1 Esslöffel Öl erhitzen. Den Rosenkohl darin unter gelegentlichem Wenden 5 Minuten anbraten, bis er zu bräunen beginnt und weich ist. Auf einen Teller umfüllen und zum Warmhalten zudecken.
4. Das restliche Öl in derselben Pfanne erhitzen und den Palmkohl darin 2 Minuten unter häufigem Wenden garen, bis er zusammenfällt. Auf einen Teller umfüllen und zum Warmhalten zudecken.
5. Die Reismischung auf 2 Bowls verteilen. Rosenkohl, Palmkohl, Avocado und Kürbiskerne darauf anrichten. Mit Dressing beträufeln und mit Basilikumblättern bestreuen.

Tahini-Dressing: Alle Zutaten in einer Küchenmaschine zu einem glatten Dressing verarbeiten und mit Salz abschmecken.

HOTDOGS MIT AUBERGINEN UND ROTEM SAUERKRAUT

ZUBEREITUNGS- UND KOCHZEIT: 25 MINUTEN | FÜR: 4 PERSONEN

2 EL Dijon-Senf

2 EL Ahornsirup

1 TL Kreuzkümmelsamen, geröstet, gemahlen (siehe Tipp)

1 TL Meersalzflocken

4 mittelgroße asiatische Auberginen (240 g)

4 vegane lange knusprige Brötchen (320 g)

130 g Hummus

130 g rotes Sauerkraut

Minze-Microgreens oder kleine Minzblätter und zusätzlicher Dijon-Senf zum Servieren (nach Belieben)

1. Eine Grillplatte bei hoher Temperatur erhitzen.
2. Senf, Ahornsirup, Kreuzkümmel und Salz in einer kleinen Schüssel mischen.
3. In die Oberseite jeder Aubergine einen tiefen, langen Schlitz (etwa drei Viertel der Frucht) schneiden, aber nicht ganz durchschneiden. Die Auberginen rundum und an den Schnittflächen dünn mit der Senfmischung bestreichen.
4. Die Grillplatte auf mittlere Hitze herunterschalten. Die Auberginen darauflegen und mit einer mittelgroßen feuerfesten Schüssel oder mit Alufolie abdecken. 15 Minuten grillen, bis die Auberginen in der Mitte weich sind, dabei gelegentlich wenden und bei jedem Wenden mit Senfmischung bestreichen.
5. Die Brötchen oben der Länge nach einschneiden. Den Hummus auf den Brötchen verteilen, jeweils mit 1 Aubergine und Sauerkraut belegen und nach Belieben mit Minzblättern und zusätzlichem Senf garnieren.

Tipp: Durch das Rösten und Mahlen von ganzen Gewürzkörnern verstärkt sich deren Aroma. Die Kreuzkümmelsamen bei schwacher bis mittlerer Hitze in eine Bratpfanne ohne Fett geben und unter Rühren rösten, bis sie zu duften beginnen. Anschließend im Mörser mit dem Stößel zerstoßen. Alternativ können Sie 1 Teelöffel gemahlenen Kreuzkümmel verwenden.

SCHOKO-PANCAKES MIT AHORNSIRUP UND BANANE

ZUBEREITUNGS- UND KOCHZEIT: 20 MINUTEN (+ RUHEZEIT)

FÜR: 2 PERSONEN

2 EL Pflanzenöl

2 kleine Bananen (260 g)

2 EL Ahornsirup, plus mehr zum Servieren

140 g Kokosjoghurt

100 g frische Kirschen

Pancake-Teig

180 g Weizenmehl

1¼ TL Backpulver

1 Prise Salz

2 EL Backkakao

½ TL Natron

½ TL gemahlener Zimt

180 ml Mandeldrink

2 TL Apfelessig

80 ml Ahornsirup

1. Den Pancake-Teig zubereiten (siehe unten).

2. Eine große beschichtete Bratpfanne auf mittlerer Stufe erhitzen und mit etwas Öl einpinseln. Mit einem Löffel Teig in die Pfanne geben und zu einem Pancake verstreichen. 2 Minuten backen, bis sich an der Oberfläche Blasen bilden. Dann wenden und 1 Minute weiterbacken. Aus der Pfanne nehmen und zum Warmhalten zudecken. Mit dem restlichen Öl und Teig ebenso verfahren, insgesamt 8 Pancakes backen. Dann die Pfanne beiseite stellen.

3. Die Bananen schälen und schräg in Scheiben schneiden. Die Pfanne wieder bei mittlerer Hitze auf den Herd stellen. Den Ahornsirup und die Bananenscheiben in die Pfanne geben. Bananen 2 Minuten braten, bis sie karamellisiert sind, dann wenden und weitere 30 Sekunden braten.

4. Die Pancakes mit Kokosjoghurt, karamellisierten Bananenscheiben, Kirschen und zusätzlichem Ahornsirup servieren.

Pancake-Teig: Mehl, Backpulver, Salz, Kakao, Natron und Zimt in einer mittelgroßen Schüssel vermischen. Mandeldrink, Essig und Ahornsirup in einem kleinen Krug verquirlen. In die Mitte des Mehls eine Mulde drücken. Die Mandeldrink-Mischung nach und nach zugießen und alles zu einem glatten Teig schlagen. 5 Minuten ruhen lassen.

Variante: Anstatt der Kirschen können Sie nach Belieben diverse Beeren verwenden.

Haltbarkeit: Pancakes können bis zu 1 Monat eingefroren werden.

KURKUMA-TOFU-»RÜHREI«

ZUBEREITUNGS- UND KOCHZEIT: 15 MINUTEN | FÜR: 2 PERSONEN

250 g Naturtofu

2 TL Nährhefeflocken (nach Belieben; siehe Tipp)

½ TL gemahlene Kurkuma

½ TL Kreuzkümmelsamen

¼ TL geräuchertes Paprikapulver

1 EL Wasser

Salz, Pfeffer

2 EL natives Olivenöl extra

4 Frühlingszwiebeln, in feine Ringe geschnitten

1 Knoblauchzehe, gehackt

1 EL frische Petersilienblätter, grob gehackt

1 EL Zitronensaft

4 Bagels (170 g), waagrecht halbiert, getoastet

85 g Chipotle-Hummus (siehe Variante)

2 mittelgroße Tomaten (300 g), in Scheiben geschnitten

50 g Babyspinat

1 gute Handvoll Zuckerschotenranken

1. Den Tofu mit Küchenpapier trocken tupfen. Mit den Händen in eine kleine Schüssel zerkrümeln.

2. In einer zweiten kleinen Schüssel Hefeflocken, Kurkuma, Kreuzkümmelsamen, Paprikapulver und Wasser verrühren, salzen und pfeffern.

3. In einer mittelgroßen Bratpfanne auf mittlerer Stufe das Öl erhitzen. Frühlingszwiebeln und Knoblauch darin 1 Minute braten, bis sie weich sind. Den zerkrümelten Tofu dazugeben und unter Rühren 4 Minuten braten, bis er zu bräunen beginnt. Die Gewürzmischung zufügen und 1 Minute rösten. Dabei gut rühren, sodass der Tofu vollständig von den Gewürzen überzogen ist. Petersilie und Zitronensaft unterrühren.

4. Die getoasteten Bagelhälften mit Hummus bestreichen, die unteren Hälften mit Tomate, Tofumischung, Spinatblättern und Zuckerschotenranken belegen, dann die oberen Hälften als Deckel aufsetzen.

Tipp: Nährhefeflocken werden als Würzmittel verwendet und liefern einen leckeren käseähnlichen Umami-Geschmack. Wählen Sie eine Sorte, die mit Vitamin B12 angereichert ist, einem Vitamin, das nur in Fleisch vorkommt und bei einer veganen Ernährung daher ergänzt werden muss.

Variante: Sie können auch einen anderen würzig aromatisierten Hummus nehmen wie Jalapeño-Hummus oder Harissa-Hummus. Als Belag eignetsich ebenso anderes Blattgemüse wie Rucola oder Brunnenkresse. Wenn Sie dem Tofu-»Rührei« ein geräuchertes Aroma verleihen möchten, kaufen Sie geräucherten Tofu. Sie bekommen ihn in Reformhäusern oder Bio-Läden.

AVOCADO-TOAST UND KICHERERBSEN MIT RAUCHNOTE

ZUBEREITUNGS- UND KOCHZEIT: 15 MINUTEN | **FÜR:** 2 PERSONEN

190 g Kichererbsen aus der Dose, abgetropft, gespült

2 EL natives Olivenöl extra

½ TL Meersalzflocken

½ TL geräuchertes Paprikapulver

½ TL gemahlener Kreuzkümmel

4 Scheiben Vollkorn-Sauerteigbrot (200 g), getoastet

1 große Avocado (320 g), Fruchtfleisch zerdrückt

20 g Microgreens (siehe Tipp)

2 EL Srirachasauce

Limettenspalten, zum Servieren

1. Die Kichererbsen mit Küchenpapier gut trocken tupfen. In einer großen Bratpfanne das Öl auf hoher Stufe erhitzen. Die Kichererbsen mit dem Salz zugeben und unter gelegentlichem Rühren 5 Minuten braten. Paprikapulver und Kreuzkümmel zufügen. Unter Rühren weitere 30 Sekunden braten.

2. Die getoasteten Brotscheiben mit dem Avocadomus bestreichen. Mit den Kichererbsen und Microgreens belegen und mit Srirachasauce beträufeln. Mit Limettenspalten servieren.

Tipp: Sie können Petersilie oder Koriander in Form von Microgreens verwenden oder normal große Kräuter wie glatte Petersilie, Dill, Koriander oder Minze nehmen. Falls Sie Kichererbsen aus der Dose übrig haben, heben Sie diese für die Gefüllten Süßkartoffeln mit Kichererbsen-Tabbouleh auf (siehe S. 24).

PILZ-»STEAK«-SANDWICH

ZUBEREITUNGS- UND KOCHZEIT: 20 MINUTEN | FÜR: 2 PERSONEN

60 ml Olivenöl

1 große Zwiebel (200 g), in dünne Scheiben geschnitten

1 große grüne Paprikaschote (350 g), in dünne Streifen geschnitten

375 g Champignons, in Scheiben geschnitten

2 Knoblauchzehen, gehackt

2 EL geräucherte Barbecue-Sauce

80 ml vegane Brühe nach Rinderart (siehe Tipp)

Salz, Pfeffer

2 lange Körnerbrötchen (100 g)

2 Scheiben veganer Cheddar (35 g), halbiert

2 EL amerikanischer bzw. milder Senf

frische oder eingelegte Jalapeño-Chilis, in Scheiben geschnitten, zum Servieren (nach Belieben)

1. Das Öl in einer großen beschichteten Bratpfanne stark erhitzen. Zwiebel und Paprika zugeben und 4 Minuten anbraten, bis sie weich werden. Die Pilze dazugeben und 5 Minuten unter Rühren goldbraun braten. Knoblauch zufügen und 1 Minute weitergaren. Barbecue-Sauce und Brühe zugießen, 2 Minuten kochen und eindicken lassen. Mit Salz und Pfeffer abschmecken.
2. Die Brötchen waagerecht ein-, aber nicht ganz durchschneiden. Die unteren Hälften jeweils mit veganem Cheddar und der heißen Pilzmischung belegen. Senf darüber verteilen und mit Chilischeiben belegen.

Tipp: Im Handel sind verschiedene vegane Brühen erhältlich, die das Aroma von Hühner- oder Rinderbrühe imitieren. Sie werden als rinder- oder hühnerähnlich oder als »nach Art« von Rinder- oder Hühnerbrühe bezeichnet und weisen keine tierischen Produkte auf.

SPINAT-TOMATEN-OMELETT OHNE EI

ZUBEREITUNGS- UND KOCHZEIT: **20 MINUTEN** | **FÜR: 2 PERSONEN**

300 g Seidentofu

2 EL natives Olivenöl extra

80 ml Sojadrink

50 g Kichererbsenmehl

2 EL Nährhefeflocken

½ TL Meersalzflocken

¼ TL gemahlene Kurkuma

Spinatfüllung

120 g Spinat-Blattsalat-Mischung

1 Schalotte, in dünne Scheiben geschnitten

200 g Kirschtomaten, in Scheiben geschnitten oder halbiert

1 EL Rotweinessig

2 EL natives Olivenöl extra

60 g marinierter veganer Feta, abgetropft, in Würfel geschnitten (siehe Tipps)

1. Den Tofu mit Küchenpapier trocken tupfen. Dann mit 1 Esslöffel Öl und den übrigen Teigzutaten in einem Mixer zu einer glatten Masse verarbeiten.

2. Eine beschichtete Bratpfanne (Ø 22 cm) stark erhitzen. 1 Teelöffel Öl hineingeben, dann Temperatur auf mittlere Hitze reduzieren. Die Hälfte der Tofumischung in die Pfanne geben und durch Schwenken oder Verstreichen den ganzen Pfannenboden damit bedecken. 3 Minuten backen, bis kleine Blasen an der Oberfläche erscheinen. Das Omelett auf einen warmen Teller gleiten lassen und zum Warmhalten abdecken. Vorgang mit dem restlichen Öl und der restlichen Tofumischung wiederholen und ein zweites Omelett backen. Dieses auf einen zweiten warmen Teller gleiten lassen.

3. Nun die Spinatfüllung zubereiten (siehe unten).

4. Die Füllung jeweils auf einer Hälfte der Omeletts verteilen, dann den unbelegten Teig über den Spinat klappen. Sofort servieren.

Spinatfüllung: Die Spinat-Blattsalat-Mischung, Schalotte, Tomaten, Essig und Öl in einer mittelgroßen Schüssel vorsichtig vermischen. Die Fetawürfel darunterheben.

Tipp: Es gibt im Handel verschiedene vegane Feta-Varianten auf Nussbasis. Unser Favorit wird aus Macadamianüssen hergestellt. Sie können aber genauso anderen veganen Käse, zerkrümelten Tofu oder Tempeh verwenden.

GEFÜLLTE SÜSSKARTOFFELN MIT KICHERERBSEN-TABBOULEH

ZUBEREITUNGS- UND KOCHZEIT: 20 MINUTEN | FÜR: 4 PERSONEN

4 kleine Süßkartoffeln (1 kg)

400 g Kichererbsen aus der Dose, abgetropft, gespült, grob gehackt

2 kleine Tomaten (180 g), in Würfel geschnitten

1 Gurke (130 g), in Würfel geschnitten

2 Frühlingszwiebeln, in feine Ringe geschnitten

30 g kleine Minzblätter (siehe Tipp)

Salz, Pfeffer

130 g Hummus

2 EL Zitronensaft

2 EL Wasser

1 EL natives Olivenöl extra

¼ TL gemahlener Sumach

1. Die Süßkartoffeln mehrmals mit einem scharfen Messer einstechen. Auf hoher Stufe (100 Prozent 8 Minuten) in die Mikrowelle geben, bis sie weich sind.

2. Inzwischen Kichererbsen, Tomaten, Gurke, Frühlingszwiebeln und Minzblätter in einer mittelgroßen Schüssel mischen und mit Salz und Pfeffer abschmecken.

3. In einer kleinen Schüssel Hummus, Zitronensaft und Wasser verquirlen und ebenfalls abschmecken.

4. Die Süßkartoffeln der Länge nach oben einschneiden, dabei darauf achten, sie nicht durchzuschneiden. Das Fruchtfleisch seitlich vorsichtig etwas eindrücken, um in der Mitte eine Vertiefung zu bekommen. Die Kartoffeln mit dem Kichererbsen-Tabbouleh füllen, mit dem Hummus-Dressing und Olivenöl beträufeln und mit Sumach bestreuen.

Tipp: Für dieses Rezept haben wir kleine Minzblätter verwendet, genauso eignen sich aber auch andere Kräuter wie Petersilie oder Koriander. Große Blätter am besten grob hacken.

Variante: Anstelle der Kichererbsen können Sie Kidney- oder schwarze Bohnen nehmen.

PASTA MIT PILZEN, SPINAT UND WALNÜSSEN

ZUBEREITUNGS- UND KOCHZEIT: 20 MINUTEN | FÜR: 2 PERSONEN

80 ml natives Olivenöl extra

50 g Walnusskerne

125 g Dinkel-Spirelli

150 g gemischte asiatische Pilze, in Scheiben geschnitten

2 Knoblauchzehen, fein gehackt

1 frische lange rote Chilischote, entkernt, fein gehackt

2 TL Apfelessig

280 g Babyspinat

Salz, Pfeffer

1. In einer kleinen Bratpfanne auf mittlerer Stufe 1 Esslöffel Öl erhitzen. Die Walnüsse darin unter ständigem Rühren in 5 Minuten goldbraun rösten. Aus der Pfanne nehmen, abkühlen lassen und dann grob hacken.

2. Inzwischen die Pasta in einem großen Topf mit kochendem Salzwasser in 12 Minuten bissfest kochen. Durch ein Sieb abgießen. Die Pasta in den Topf zurückgeben und abgedeckt beiseite stellen und warm halten.

3. Das restliche Öl in einem mittelgroßen Topf auf mittlerer Stufe erhitzen. Die Pilze darin in 2 Minuten weich und goldbraun braten. Knoblauch und Chili dazugeben. Unter Rühren 1 Minute braten, bis sich ein feines Aroma entwickelt. Den Apfelessig zugießen und 1 Minute einkochen lassen. Den Spinat und die gerösteten Walnüsse zufügen und 1 Minute mitbraten, bis der Spinat leicht zusammenfällt. Mit Salz und Pfeffer würzen.

4. Die Pilzmischung zu der Pasta geben. Gründlich durchmischen und servieren.

Tipp: Für dieses Rezept können Sie Dinkelpasta in jeglicher Form verwenden. Dinkel ist eine alte Getreidesorte, die Ähnlichkeiten mit Weizen aufweist. Anders als bei normalem Mehl, bei dem Keim und Kleie entfernt werden, bleibt der nahrhafte Teil des Dinkelkorns erhalten, wenn Sie Vollkornmehl nehmen.

DIP-PLATTEN

GUACAMOLE

ZUBEREITUNGSZEIT:
10 MINUTEN ERGIBT: 500 G

1 fein gehackte kleine rote Chilischote mit
1 kleinen gehackten Knoblauchzehe, ½ Teelöffel
gemahlenem Kreuzkümmel und 1 Esslöffel
Limettensaft in eine mittelgroße Schüssel
geben. Das Fruchtfleisch von 2 mittelgroßen
Avocados (500 g) und 15 g fein gehackten
frischen Koriander zufügen und alles mit
einer Gabel gründlich zerdrücken. Den Dip in
eine Servierschüssel umfüllen, mit 1 Teelöffel
Chiasamen, 2 Esslöffeln gerösteten Kürbiskernen
und einigen Korianderblättern bestreuen.

Serviervorschläge: Den Dip auf einer Platte
mit Maistortillas und Radieschen anrichten.

ROTE-BETE-WALNUSS-DIP

ZUBEREITUNGS- UND KOCHZEIT:
15 MINUTEN ERGIBT: 380 G

250 g vorgegarte Rote Bete, 1 kleine gehackte
Knoblauchzehe, 120 g geröstete Walnusskerne,
2 Esslöffel Zitronensaft und 1 Esslöffel Tahini in
einer Küchenmaschine zu einer glatten Paste
pürieren. In eine Servierschale umfüllen und
mit gehackten Walnüssen bestreuen.

Serviervorschläge: Den Dip auf einer Platte
mit Blumenkohlröschen, Babykarotten und
roten Chicoreeblättern anrichten.

KAROTTEN-KURKUMA-HUMMUS

ZUBEREITUNGSZEIT: 10 MINUTEN ERGIBT: 500 G

1 mittelgroße Karotte (120 g) grob reiben. 400 g Kichererbsen aus der Dose abgießen und gründlich spülen. Die Karotte und die Kichererbsen mit 1 Esslöffel Tahini, 2 Esslöffeln Zitronensaft, 2 Teelöffeln frisch geriebener Kurkuma (oder ½ Teelöffel gemahlener Kurkuma), ½ Teelöffel gemahlenem Kreuzkümmel, 1 gehackten Knoblauchzehe und 60 ml nativem Olivenöl extra in der Küchenmaschine zu einer glatten Creme verarbeiten. Den Dip in eine Servierschale umfüllen und mit Salz und Pfeffer abschmecken.

Serviervorschläge: Den Dip auf einer Platte mit Pitabrot, Fenchelspalten und der Länge nach halbierten Minigurken anrichten.

MISO-ERDNUSS-BUTTER-DIP

ZUBEREITUNGSZEIT: 5 MINUTEN ERGIBT: 250G

2 Esslöffel weiße Misopaste, 140 g stückige Erdnussbutter, 2 Esslöffel Sesamöl, 1½ Esslöffel Reisweinessig und 60 ml warmes Wasser in einer mittelgroßen Schüssel vermischen. Den Dip in eine Servierschale umfüllen und mit Sesamsamen bestreuen. Sofort servieren. Kommt der Dip nicht gleich auf den Tisch, müssen Sie ihn vor dem Verzehr noch mit etwas warmem Wasser verdünnen.

Serviervorschläge: Den Dip auf einer Platte mit Stangensellerie, blanchierten grünen Bohnen und Zuckerschoten anrichten.

ORANGE-VANILLE-RAWNOLA

ZUBEREITUNGS- UND KOCHZEIT: 10 MINUTEN ERGIBT: 380 G

90 g Haferflocken

12 frische Datteln (240 g), entsteint

40 g Kokosraspel

2 TL abgeriebene Orangenschale

1 TL Vanillepaste

1. Alle Zutaten in die Küchenmaschine geben und in Intervallen pürieren, bis sich kleine Klümpchen bilden. (Mischung nicht zu lange verarbeiten, sonst entsteht eine kompakte Kugel).

2. Das Rawnola (rohes Knuspermüsli) in einen luftdicht verschließbaren Behälter füllen. Es hält sich im Kühlschrank 2 Wochen.

Tipp: Aus dem Rawnola können Sie auch Energiekugeln machen. Hierfür die Mischung so lange in der Küchenmaschine verarbeiten, bis eine kompakte Masse entstanden ist. Mit einem Esslöffel Teig abstechen und zu Kugeln formen.

Serviervorschläge: Rawnola können Sie einfach so pur als Snack genießen oder, wenn es noch etwas nahrhafter werden soll, zusammen mit veganem Joghurt, 1 in Scheiben geschnittenen Banane, Orangenstücken und etwas Zimt oder auch mit Steinobst oder Beeren.

Aromavarianten

Rawnola mit Feige + Mandel
Die Datteln durch getrocknete Feigen und die Kokosraspel durch Mandeln ersetzen.

Rawnola mit Aprikose + Walnuss
Die Datteln durch getrocknete Aprikosen und die Kokosraspel durch Walnusskerne ersetzen.

Rawnola mit Apfel + Paranuss
Die Datteln durch getrocknete Apfelstücke und die Kokosraspel durch Paranusskerne ersetzen.

ROHKOST-NORI-ROLLEN

ZUBEREITUNGSZEIT: 20 MINUTEN (+ RUHEZEIT) ERGIBT: 12 STÜCK

150 g Sonnenblumenkerne

3 Frühlingszwiebeln, in feine Ringe geschnitten

15 g frische Korianderblätter

60 ml Zitronensaft

2 EL Tamari, plus mehr zum Servieren

1 Knoblauchzehe

6 Nori-Blätter (15 g), halbiert

¼ kleiner Rotkohl (200 g), in dünne Streifen geschnitten

1 große Karotte (180 g), in feine Stifte geschnitten

4 Minigurken (120 g), in Stäbchen geschnitten

20 g Alfalfa-Sprossen

1. Die Sonnenblumenkerne in eine mittelgroße, hitzebeständige Schüssel füllen, mit kochendem Wasser bedecken und 15 Minuten stehen lassen. Durch ein Sieb abgießen, unter kaltem Wasser spülen und gut abtropfen lassen.

2. Die eingeweichten Sonnenblumenkerne mit Frühlingszwiebeln, Koriander, Zitronensaft, Tamari, Knoblauch und 60 ml Wasser in der Küchenmaschine zu einer stückigen Paste verarbeiten.

3. Ein halbes Nori-Blatt auf die Arbeitsfläche legen. In einer Ecke 1 Esslöffel der Sonnenblumenkernmischung verstreichen und mit etwas Rotkohl, Karotte, Gurke und Alfalfa-Sprossen belegen. Das Nori-Blatt über das Gemüse legen und das Blatt diagonal wie eine Tüte aufrollen. Den Rand zum Verschließen mit Wasser anfeuchten. Den Vorgang mit den restlichen Zutaten wiederholen und insgesamt 12 Rollen zubereiten. Die Rollen mit Tamari servieren.

GÖZLEME MIT PILZEN UND SPINAT

ZUBEREITUNGS- UND KOCHZEIT: 15 MINUTEN (+ ABKÜHLZEIT)
ERGIBT: 4 STÜCK

80 ml natives Olivenöl extra

1 kleine Zwiebel (80 g), fein gehackt

2 Knoblauchzehen, gehackt

2 TL gemahlener Kreuzkümmel

2 TL gemahlener Sumach

½ TL Chiliflocken

350 g Pilze, in dicke Scheiben geschnitten

100 g veganer Cheddar, gerieben

60 g Spinatblätter

2 EL Pinienkerne, geröstet

Salz, Pfeffer

4 Weizentortillas (100 g)

Olivenöl-Kochspray

Minzblätter und Zitronenspalten zum Servieren

1. In einer großen Bratpfanne auf hoher Stufe 1 Esslöffel Öl erhitzen. Zwiebel und Knoblauch darin unter Rühren in 5 Minuten weich braten. Kreuzkümmel, Sumach und Chiliflocken unterrühren und 1 Minute mitbraten. Die Mischung in eine große Schüssel umfüllen.

2. In derselben Bratpfanne 1½ Esslöffel Öl erhitzen. Die Hälfte der Pilze dazugeben und unter gelegentlichem Umrühren in 5 Minuten goldbraun braten. Die gebratenen Pilze zu der Zwiebelmischung geben. Vorgang mit dem restlichen Öl und den restlichen Pilzen wiederholen. Die Mischung 10 Minuten abkühlen lassen. Dann veganen Cheddar, Spinat und Pinienkerne unterrühren, mit Salz und Pfeffer abschmecken.

3. Eine große Bratpfanne stark erhitzen. 2 Tortillas auf die Arbeitsfläche legen. Jeweils ¼ der Füllung auf dem mittleren Drittel jeder Tortilla verstreichen. Die Seiten zum Schließen darüberklappen. Fladen mit Öl besprühen und in der Pfanne von beiden Seite je 2 Minuten braten, bis der Cheddar geschmolzen und das Brot knusprig ist. Mit einem großen Spatel aus der Pfanne heben und zugedeckt warm halten. Vorgang mit den restlichen Tortillas und der Füllung wiederholen.

4. Die Gözleme diagonal durchschneiden, mit Minzblättern bestreuen und mit Zitronenspalten servieren.

BÁNH-MÌ-BAGUETTE MIT TOFU

- 150 g gemischter Krautsalat
- 15 g frische Korianderblätter
- 75 g vegane Mayonnaise
- 2 TL Reisweinessig
- ½ TL Sesamöl
- ½ TL Meersalzflocken
- 1 EL natives Olivenöl extra
- 200 g marinierter Saté-Tofu, in Scheiben geschnitten (siehe Tipp)
- 2 knusprige Baguette-Brötchen (140 g)

1. Den Krautsalat und den Koriander in eine mittelgroße Schüssel geben. 1 Esslöffel Mayonnaise, Reisweinessig, Sesamöl und Salz dazugeben und gründlich vermischen.

2. Das Olivenöl in einer mittelgroßen Bratpfanne auf hoher Stufe erhitzen. Den marinierten Tofu zugeben und von jeder Seite 2 Minuten braten, bis er goldbraun und gut durchgewärmt ist.

3. Die Baguette-Brötchen längs auf-, aber nicht durchschneiden. Die Schnittflächen mit der restlichen Mayonnaise bestreichen. Mit Tofu und der Krautsalatmischung füllen.

Tipp: Bereiten Sie doch einmal Ihren eigenen marinierten Tofu zu. Hierzu 2 Esslöffel stückige Erdnussbutter, 1 Esslöffel Ketjap Manis und 2 Teelöffel Erdnussöl vermischen und 200 g Naturtofu darin einlegen. Vor dem Braten 20 Minuten in den Kühlschrank stellen.

Variante: Anstelle von Saté-Tofu können Sie jeden anderen asiatisch marinierten Tofu verwenden.

POWERRIEGEL

ZUBEREITUNGSZEIT: 20 MINUTEN (+ KÜHLZEIT) ERGIBT: 16 RIEGEL

170 g Backpflaumen, entsteint

70 g Tahini

75 g Kokosöl, zerlassen

2 EL Melasse

180 g Mandelmehl

1 EL Kakaopulver

1 TL Spirulinapulver
(nach Belieben; siehe Tipps)

2 EL Pistazien, fein gehackt

1. Eine Kastenform (12 x 25 cm) mit Backpapier auslegen.

2. Die Pflaumen in der Küchenmaschine zu einer Paste verarbeiten. Tahini, Kokosöl und Melasse dazugeben und kurz vermischen. Mandelmehl, Kakao und Spirulinapulver dazugeben und mixen, bis alles gut vermengt ist.

3. Die Mischung in die Kastenform füllen und 1 cm hoch auf dem Boden der Form festdrücken. Die Pistazien aufstreuen und mit den Fingern etwas in die Masse drücken. Mindestens 1 Stunde in den Kühlschrank stellen, bis die Masse fest ist.

4. Masse aus der Form nehmen und zu 16 Riegeln aufschneiden.

Tipps: Spirulina ist eine Blaualge und hat einen hohen Gehalt an Antioxidantien, sie besitzt entzündungshemmende Eigenschaften und soll Forschungen zufolge Krebs vorbeugen. Erhältlich ist sie in Supermärkten und Reformhäusern. Wenn Ihnen die Riegel zu groß und gehaltvoll sind, schneiden Sie die Mischung in 3 cm große Quadrate (28 Stück) oder rollen sie zu Energiebällchen, die Sie dann in den Pistazien wälzen.

Haltbarkeit: Die Riegel sind in luftdicht verschließbaren Behältern 2 Wochen im Kühlschrank und eingefroren bis zu 1 Monat haltbar.

BUNTE AVOCADOHÄLFTEN

ZUBEREITUNGSZEIT: 10 MINUTEN | FÜR: 2 PERSONEN

1 große Avocado (320 g), halbiert, entkernt

½ kleine Karotte (35 g), in feine Streifen geschnitten oder geraspelt (siehe Tipps)

½ kleine Rote Bete (50 g), in feine Streifen geschnitten oder geraspelt (siehe Tipps)

2 EL veganes Kimchi

1 EL Sprossen (nach Belieben)

Salz, Pfeffer

Zitronen-Tahini-Dressing

1 EL Tahini

1½ EL Wasser

1 EL Zitronensaft

2 TL natives Olivenöl extra

1. Das Zitronen-Tahini-Dressing zubereiten (siehe unten).

2. Die Avocadohälften auf einen Teller legen. Jede Hälfte mit Karotte, Roter Bete und Kimchi füllen. Mit dem Dressing beträufeln und mit Sprossen bestreuen. Mit Salz und Pfeffer würzen.

Zitronen-Tahini-Dressing: Alle Zutaten in einer Schüssel gründlich vermischen.

Tipps: Sie können die Rezeptmenge für 4 Portionen (wie auf dem Foto) einfach verdoppeln. Ein Julienneschäler hilft Ihnen dabei, Gemüse in feine Streifen zu schneiden. Sie bekommen ihn in Haushaltswarengeschäften und Asia-Läden. Alternativ können Sie Karotte und Rote Bete mit einem Gemüsehobel oder scharfen Messer in feine Stifte schneiden.

PIKANTE BOHNEN-QUESADILLAS

ZUBEREITUNGS- UND KOCHZEIT: 15 MINUTEN | FÜR: 2 PERSONEN

4 Weizentortillas (160 g)

180 g Schwarzes Bohnen-püree (siehe Variante)

100 g Naturtofu, fein gehackt

100 g gegrillte rote Paprika aus dem Glas, abgetropft, gehackt

1 kleine Zucchini (90 g), in feine Streifen geschnitten

2 EL eingelegte Jalapeño-Chilis

Olivenöl-Kochspray

1 mittelgroße Avocado (250 g), Fruchtfleisch in Scheiben geschnitten

mexikanische scharfe Sauce, Korianderblätter und Limettenspalten zum Servieren

1. Die Tortillas auf die Arbeitsfläche legen und mit dem Bohnen-püree bestreichen. 2 Tortillas mit Tofu, Paprika, Zucchini und Jalapeño-Chilis belegen. Die restlichen 2 Tortillas mit der Bohnenpüreeseite nach unten auflegen, Rand zum Verschließen leicht festdrücken.

2. Eine große Bratpfanne oder Grillplatte auf mittlerer Stufe erhitzen und mit Öl einsprühen. Die Quesadillas nacheinander von jeder Seite 2 Minuten braten, bis sie goldbraun und knusprig sind. (Alternativ in einem mit Backpapier ausgelegten Sandwich-maker 4 Minuten toasten).

3. Die heißen Quesadillas in Stücke schneiden und mit Avoca-doscheiben belegen. Mit scharfer Sauce, Koriander und Limetten-spalten servieren.

Variante: Falls Sie kein Schwarzes Bohnenpüree bekommen, können Sie stattdessen Kidneybohnenpüree verwenden oder ein anderes Bohnenmus ausprobieren.

STUDENTENFUTTER MIT AHORNSIRUP UND CAYENNEPFEFFER

ZUBEREITUNGS- UND KOCHZEIT: 15 MINUTEN ERGIBT: 340 G

120 g Pekannusskerne

100 g Kürbiskerne

35 g Sonnenblumenkerne

35 g Kokosflocken, eingeweicht

40 g Sultaninen

1 EL Ahornsirup

1 TL Meersalzflocken

¼ TL Cayennepfeffer

1. Den Backofen auf 180 °C vorheizen und ein Backblech mit Backpapier auslegen.

2. Pekannusskerne, Kürbiskerne, Sonnenblumenkerne, Kokosflocken und Sultaninen in eine mittelgroße Schüssel geben. Ahornsirup, Salz und Cayennepfeffer dazugeben und alles gründlich vermischen. Die Mischung auf dem Backblech verstreichen.

3. Nussmischung 10 Minuten im Ofen backen, bis sie gleichmäßig goldbraun ist. Dabei nach 5 Minuten einmal durchmischen. Abkühlen lassen.

Variante: Probieren Sie auch mal gemahlenen Kreuzkümmel anstelle von Cayennepfeffer und Cashewkerne statt der Pekannüsse.

Haltbarkeit: In einem luftdicht verschließbaren Behälter hält sich das Studentenfutter 2 Wochen.

ROTE-BETE-SUBS MIT PISTAZIENSTREUSELN

ZUBEREITUNGSZEIT: 15 MINUTEN | FÜR: 4 PERSONEN

1 kleines Baguette (300 g)

150 g vegane Mayonnaise

1½ TL geriebener Meerrettich aus dem Glas

Salz, Pfeffer

45 g Pistazien, gehackt

2 EL frische Thymianblätter

1 EL frisch gehackter Schnittlauch

1 TL abgeriebene Zitronenschale

250 g vorgegarte Rote Bete, in Scheiben geschnitten

2 TL Balsamicocreme

Microgreens, zum Servieren (nach Belieben)

1 kleine Zitrone (65 g), in Spalten geschnitten, zum Garnieren

1. Eine Grillpfanne (oder einen Grill/Bratrost) stark erhitzen. Das Baguette waagerecht halbieren, jede Hälfte anschließend in etwa 10 cm lange Stücke schneiden. Die Brotstücke von jeder Seite 2 Minuten grillen, bis ein Grillmuster eingebrannt ist.

2. Mayonnaise und Meerrettich in einer kleinen Schüssel vermischen und mit Salz und Pfeffer würzen.

3. Pistazien, Thymian, Schnittlauch und Zitronenabrieb in einer zweiten kleinen Schüssel mischen und ebenfalls kräftig würzen.

4. Die Baguette-Stücke mit der Mayonnaise-Mischung bestreichen. Mit Rote-Bete-Scheiben belegen und mit der Pistazienmischung bestreuen. Mit Balsamicocreme beträufeln und nach Belieben mit Microgreens bestreuen. Mit Zitronenspalten servieren.

Tipp: Vakuumverpackte gekochte Rote Bete finden Sie in den meisten Supermärkten in der Gemüseabteilung.

GEBRATENER KIMCHI-REIS

ZUBEREITUNGS- UND KOCHZEIT: 15 MINUTEN | **FÜR:** 2 PERSONEN

6 Frühlingszwiebeln

2 EL Pflanzenöl

3 TL Sesamöl

2 TL Gochujang (koreanische rote Chilipaste)

2 x 250-g-Päckchen Kurzkornreis für die Mikrowelle

100 g veganes Kimchi, gehackt

75 g TK-Edamame (Sojabohnen), aufgetaut

40 g Keimsprossen

geröstete Sesam-Nori-Chips, zum Servieren

1. Die Frühlingszwiebeln in feine Ringe schneiden, dabei die weißen und grünen Teile trennen. Eine kleine Handvoll zum Servieren beiseite stellen.

2. Das Pflanzen- und das Sesamöl in einem Wok bei mittelstarker Hitze erwärmen. Die weißen Teile der Frühlingszwiebeln und das Gochujang darin 1 Minute unter Rühren braten.

3. Den Reis dazugeben und 5 Minuten unter Rühren mitbraten. Kimchi, Edamame und die grünen Teile der Frühlingszwiebeln dazugeben und unter Rühren garen, bis alles durchgewärmt ist. Mit den beiseite gestellten Frühlingszwiebeln, Keimsprossen und Sesam-Nori-Chips servieren.

Schnell

Höchstens 45 Minuten

Sind Sie auf der Suche nach veganen Rezeptideen,
die sich stressfrei zubereiten lassen?
Dann sind die folgenden gesunden Optionen genau das Richtige.
Da ist alles dabei – von Nudeln über Nachos bis hin
zu wohltuenden Suppen.

CHILI-LARB IN SALATSCHALEN

ZUBEREITUNGS- UND KOCHZEIT: 35 MINUTEN ERGIBT: 12 STÜCK

250 g Tempeh

1 EL Sesamöl

1½ EL Erdnussöl

1 Knoblauchzehe, gehackt

1 EL Ingwer, frisch gerieben

2 EL Sojasauce

35 g Erdnüsse, grob gehackt

½ TL Chiliflocken

12 Blätter Römersalat (180 g)

15 g frische Korianderblätter

Limettenspalten,
zum Servieren

Schnell eingelegtes Gemüse

1 Gurke (130 g)

1 kleine rote Zwiebel (100 g)

1 frische, lange rote Chilischote

125 ml Apfelessig

1½ TL Palmzucker
(siehe Variante)

Salz

1. Zunächst das schnell eingelegte Gemüse zubereiten (siehe unten).
2. Das Tempeh mit Küchenpapier trocken tupfen, dann mit den Händen zerkrümeln.
3. Das Sesamöl und 1 Esslöffel Erdnussöl in einer Bratpfanne auf mittlerer Stufe erhitzen. Das zerkrümelte Tempeh darin unter Rühren 6 Minuten anbraten, bis es leicht knusprig wird. Dabei alle Klümpchen zerdrücken. Knoblauch und Ingwer dazugeben und 1 Minute mitbraten, bis sich ein feines Aroma entwickelt. 1½ Esslöffel Sojasauce unterrühren und weitere 2 Minuten garen, bis alles von der Sauce überzogen ist. In eine Schüssel umfüllen und warm halten.
4. Bei mittlerer Hitze das restliche Erdnussöl und die gehackten Erdnüsse in die Pfanne geben. 1½ Minuten unter ständigem Schwenken braten, bis die Nüsse leicht geröstet sind. Die restliche Sojasauce und die Chiliflocken dazugeben und 1 Minute garen, dabei rühren, damit sich alles gut vermischt. Pfanne vom Herd nehmen.
5. Die Salatblätter mit der Tempeh-Mischung füllen und mit dem eingelegten Gemüse, den gewürzten Erdnüssen und Koriander belegen. Mit Limettenspalten servieren.

Schnell eingelegtes Gemüse: Die Gurke der Länge nach halbieren, entkernen und in dünne Scheiben schneiden. Zwiebel und Chilischote in dünne Ringe schneiden. Zwiebel und Chili in eine kleine Schüssel geben, die Gurke in eine zweite kleine Schüssel füllen. Essig und Zucker auf beide Schüsseln verteilen. Jede Mischung mit 1 Prise Salz würzen und gut durchrühren. Mindestens 15 Minuten ziehen lassen. Gemüse durch ein Sieb abgießen und vor Weiterverwendung mischen.

Variante: Anstelle von Palmzucker können Sie braunen Zucker oder Kokoszucker verwenden. Auch extrafeiner Streuzucker eignet sich.

SÄMIGE ZUCKERMAISSUPPE MIT RAUCHGESCHMACK

ZUBEREITUNGS- UND KOCHZEIT: 30 MINUTEN | FÜR: 4 PERSONEN

3 Frühlingszwiebeln

½ kleiner Blumenkohl
(500 g), geputzt,
fein gehackt

1 kg TK-Mais, aufgetaut

500 ml Gemüsebrühe

½ TL Knoblauchpulver

½ TL gemahlene Kurkuma

400 ml Kokosmilch
aus der Dose

Salz, Pfeffer

45 g gesalzenes Popcorn

1 EL geräuchertes Paprikapulver

1 EL natives Olivenöl extra

1. Die Frühlingszwiebeln klein schneiden, die dunkelgrünen Spitzen beiseite stellen. Die weißen und hellgrünen Teile zusammen mit Blumenkohl, Mais, Brühe, Knoblauchpulver und Kurkuma in einen großen Topf geben. Einen Deckel auflegen und Suppe zum Kochen bringen. Die Temperatur reduzieren und Suppe 20 Minuten köcheln lassen, bis das Gemüse weich ist.
2. Den Topf vom Herd nehmen und Suppe mit einem Stabmixer pürieren. Den Topf wieder auf den Herd stellen, die Kokosmilch unterrühren und zum Köcheln bringen. Mit Salz und Pfeffer abschmecken.
3. Inzwischen das Popcorn in einer Schüssel gut mit dem geräucherten Paprikapulver vermischen.
4. Die Suppe auf Suppenschüsseln verteilen, mit Olivenöl beträufeln und mit dem würzigen Popcorn und den beseite gestellten dunkelgrünen Teilen der Frühlingszwiebeln garnieren.

Tipps: Den Blumenkohl zerkleinern Sie am besten in der Küchenmaschine. Der Mais taut schnell auf, wenn Sie ihn in ein Sieb geben und mit kochendem Wasser übergießen. Wer keinen Stabmixer hat, kann die Suppe etwas abkühlen lassen und dann portionsweise in der Küchenmaschine oder im Standmixer pürieren.

PIKANTE BOHNEN-NACHOS

ZUBEREITUNGS- UND KOCHZEIT: 30 MINUTEN | FÜR: 2 PERSONEN

125 g Mais-Chips

60 g veganer Cheddar, gerieben

¼ TL Kreuzkümmelsamen

2 TL natives Olivenöl extra

1 kleine rote Zwiebel (100 g), fein gehackt

1 Knoblauchzehe, gehackt

2 TL Tabascosauce

2 EL Tomatenmark

400 g schwarze Bohnen aus der Dose, abgetropft, gespült

1 mittelgroße Tomate (150 g), klein gewürfelt

1 frische lange rote Chili-schote, in dünne Ringe geschnitten

60 g frische Korianderblätter

1 EL frischer Limettensaft

Salz, Pfeffer

1 mittelgroße Avocado (250 g), Fruchtfleisch in Scheiben geschnitten

Limettenspalten, zum Servieren

1. Den Backofen auf 180 °C vorheizen und ein Backblech mit Backpapier auslegen.

2. Die Mais-Chips rundherum am Rand des Backblechs verteilen und mit dem veganen Cheddar bestreuen. 8 Minuten im Ofen backen, bis der Käse geschmolzen ist und die Chips warm sind.

3. Inzwischen eine mittelgroße Bratpfanne auf mittlerer Stufe erhitzen. Die Kreuzkümmelsamen darin 2 Minuten unter Rühren rösten, bis sie zu duften beginnen. Öl, Zwiebel und Knoblauch dazugeben und 5 Minuten unter Rühren braten, bis die Zwiebel weich ist. Tabascosauce und Tomatenmark einrühren und 1 Minute mitgaren. Die Bohnen und 80 ml Wasser zufügen und unter Rühren 2 Minuten kochen, bis das Wasser fast verdampft ist. Einige Bohnen in der Pfanne mit einer Gabel oder einem Kartoffelstampfer leicht zerdrücken.

4. Tomate, Chili, Koriander und Limettensaft in einer kleinen Schüssel verrühren. Mit Salz und Pfeffer abschmecken.

5. Die Bohnenmischung löffelweise auf den Chips verteilen. Mit Avocadoscheiben und Tomatensalsa belegen und mit Limettenspalten servieren.

Tipps: Sie können die Mais-Chips auch in einer ofenfesten Servierform backen. Wenn Sie wollen, können Sie eine Mischung aus Rote-Bete- und Mais-Chips verwenden.

BLUMENKOHLSTEAKS MIT MANDELN UND TAHINI

ZUBEREITUNGS- UND KOCHZEIT: 30 MINUTEN | FÜR: 2 PERSONEN

1 mittelgroßer Blumenkohl (1½ kg)

60 ml natives Olivenöl extra

2 TL Kreuzkümmelsamen

Salz, Pfeffer

30 g Mandelblättchen

2 EL Tahini

2 EL Zitronensaft

2 EL Granatapfelkerne (siehe Tipp)

2 EL Minzblätter

1. Den Backofen auf 200 °C vorheizen.

2. Den Blumenkohl in 4 etwa 2 cm dicke Scheiben schneiden, dabei den Strunk und die äußeren Blätter intakt lassen. Die Blumenkohlsteaks und alle Verschnittreste auf ein geöltes Backblech legen. Mit 2 Esslöffeln Öl einpinseln und mit Kreuzkümmelsamen bestreuen. Mit Salz und Pfeffer würzen.

3. Den Blumenkohl 20 Minuten im Ofen backen, bis er goldbraun und weich ist. Die Steaks wenden, mit Mandelblättchen bestreuen und weitere 5 Minuten backen.

4. Inzwischen Tahini, Zitronensaft, restliches Öl und 2 Esslöffel Wasser in einer Schüssel gründlich verrühren. Mit Salz und Pfeffer würzen.

5. Die Blumenkohlsteaks auf einer großen Platte anrichten, mit der Tahinisauce beträufeln und mit Granatapfelkernen und Minze bestreuen.

Tipp: Um die Kerne aus einem frischen Granatapfel zu lösen, halbieren Sie ihn quer und halten jeweils eine Hälfte mit der Schnittseite nach unten über eine Schüssel. Dann klopfen Sie mit einem Holzlöffel auf den Granatapfel, bis die Kerne herausfallen.

Variante: Anstelle der Granatapfelkerne können Sie auch Rosinen oder getrocknete Feigen verwenden.

Serviervorschläge: Die Blumenkohlsteaks mit abgeriebener Zitronenschale bestreuen und mit Zitronenspalten servieren.

UDON-NUDELN MIT AUBERGINE

ZUBEREITUNGS- UND KOCHZEIT: 40 MINUTEN | FÜR: 2 PERSONEN

1 EL Sambal Oelek

1 EL Sesamöl

100 ml Pflanzenöl

750 g Auberginen, fein gehackt

Salz

2 Knoblauchzehen, gehackt

60 ml Ketjap Manis

270 g getrocknete Udon-Nudeln

2 frische kleine rote Chilischoten, in dünne Ringe geschnitten

2 EL frisch gehackter Knoblauch-Schnittlauch

Erdnusssauce

½ TL Szechuanpfefferkörner

240 g glatte Erdnussbutter

2 EL Sojasauce

1 Knoblauchzehe, gehackt

1. Sambal Oelek, Sesamöl und 2 Esslöffel Pflanzenöl in einer kleinen Schüssel gründlich vermischen. Dieses Chiliöl zum Servieren beiseite stellen.

2. Dann die Erdnusssauce zubereiten (siehe unten).

3. Das restliche Pflanzenöl in einer großen Bratpfanne auf mittlerer Stufe erhitzen. Aubergine dazugeben und salzen. Unter gelegentlichem Umrühren 10 Minuten garen, bis die Aubergine weich und leicht goldbraun ist. Den Knoblauch dazugeben und 1 Minute mitbraten. Ketjap Mani unterrühren und weitere 2 Minuten garen, bis das Gemüse dunkel und leicht karamellisiert ist. Pfanne vom Herd nehmen und zum Warmhalten zudecken.

4. Die Nudeln in einem Topf mit kochendem Wasser in 8 Minuten weich kochen, dann durch ein Sieb abgießen.

5. Die Erdnusssauce auf die Schüsseln verteilen und die Nudeln darauf anrichten. Mit der Auberginenmischung, den Chiliringen und dem Knoblauch-Schnittlauch belegen. Mit dem beiseite gestellten Chiliöl beträufeln.

Erdnusssauce: Die Pfefferkörner in eine kleine Bratpfanne geben und bei mittlerer Hitze 3 Minuten unter Rühren rösten, bis sie zu duften beginnen. Die Pfefferkörner dann in einem Mörser mit dem Stößel zerdrücken. In eine Schüssel umfüllen, die restlichen Zutaten und 160 ml Wasser dazugeben. Rühren, bis eine schöne glatte Sauce entsteht.

KING-KONG-COOKIES

ZUBEREITUNGS- UND BACKZEIT: 35 MINUTEN ERGIBT: 20 STÜCK

2 mittelgroße Bananen (400 g)

225 g Haferflocken

75 g Kokosraspel

70 g geröstete gesalzene Erdnüsse, grob gehackt

35 g Kakaopulver, gesiebt

125 ml Ahornsirup

60 ml natives Olivenöl extra

160 g frische Datteln, entsteint, fein gehackt

35 g Kakao-Nibs (siehe Tipp)

1. Den Backofen auf 180 °C vorheizen und 2 Backbleche mit Backpapier auslegen.

2. Die Bananen schälen und in einer Schüssel mit einer Gabel zu einer glatten Masse zerdrücken. Sie brauchen von diesem Bananenpüree 170 g. Bananenpüree mit den restlichen Zutaten (außer den Kakao-Nibs) in eine Schüssel geben. Mit sauberen Händen verkneten, bis alles gut vermengt ist.

3. Mit einem Esslöffel Teig abstechen und mit angefeuchteten Händen zu Kugeln rollen. Kugeln auf die Backbleche setzen, zu runden Cookies mit Ø 6 cm flach drücken (die Cookies verlaufen nicht). Mit Kakao-Nibs bestreuen.

4. Die Cookies 20 Minuten im Ofen backen, bis sie goldbraun sind. Auf den Backblechen abkühlen lassen.

Tipp: Kakao-Nibs sind fermentierte, zerdrückte und getrocknete Kakaobohnen. Zu einer flüssigen Kakaomasse gemahlen sind sie das Ausgangsmaterial für Schokolade, dem dann Zucker und Milch hinzugefügt werden. Erhältlich sind sie in großen Supermärkten und Naturkostläden oder Reformhäusern.

Haltbarkeit: Die Cookies sind bei Zimmertemperatur in einem dicht schließenden Behälter 3 Tage haltbar oder in Gefrierbeuteln eingefroren 1 Monat.

HIRSE-BRATLINGE UND KRAUTSALAT

ZUBEREITUNGS- UND KOCHZEIT: 45 MINUTEN | FÜR: 2 PERSONEN

250 ml Gemüsebrühe

100 g Hirse

1 Frühlingszwiebel, klein geschnitten

50 g sonnengetrocknete Tomaten, klein geschnitten

1 mittelgroße Karotte (120 g), gerieben

1 EL Tomatenmark

1 EL frisch gepresster Zitronensaft

Salz, Pfeffer

Zitronenspalten, zum Servieren

Krautsalat mit Sonnenblumenkernen

2 EL frisch gepresster Zitronensaft

60 ml natives Olivenöl extra

2 TL Dijon-Senf

Salz, Pfeffer

160 g Weißkohl, fein gehobelt

80 g Rotkohl, fein gehobelt

30 g frische Minzblätter

40 g Sonnenblumenkerne

1. Den Backofen auf 200 °C vorheizen und ein Backblech mit Backpapier auslegen.

2. Die Brühe in einem kleinen Topf aufkochen, dann die Hitze herunterschalten und den Topf halb mit einem Deckel abdecken.

3. In einem mittelgroßen Topf bei mittlerer Hitze die Hirse 3 Minuten unter Rühren rösten, bis sich ein feines Aroma entwickelt. Die heiße Brühe unter kräftigem Rühren zugießen. Aufkochen lassen, dann die Temperatur reduzieren und die Hirse zugedeckt 15 Minuten ziehen lassen, bis sie die Flüssigkeit aufgenommen hat.

4. Die Hirse in die Küchenmaschine umfüllen. Frühlingszwiebel, sonnengetrocknete Tomaten, Karotte, Tomatenmark und Zitronensaft dazugeben. Mit Salz und Pfeffer würzen. In Intervallen pürieren, bis sich die Zutaten verbinden, aber noch etwas Textur erhalten ist.

5. Aus der Hirsemischung 4 Bratlinge mit Ø 8 cm formen und diese auf das Backblech legen. In 20 Minuten im Ofen goldbraun und knusprig backen.

6. Den Krautsalat mit Sonnenblumenkernen zubereiten (siehe unten).

7. Die warmen Bratlinge mit dem Krautsalat und Zitronenspalten servieren.

Krautsalat mit Sonnenblumenkernen: Zitronensaft, Öl und Senf in einer mittelgroßen Schüssel zu einem Dressing verrühren. Mit Salz und Pfeffer abschmecken. Kohl, Minze und 2 Esslöffel Sonnenblumenkerne dazugeben und gründlich vermischen. Mit den restlichen Sonnenblumenkernen bestreuen.

Vorbereiten: Bereits am Vortag können Sie das Dressing zubereiten, die Kohlsorten hobeln und die Bratlinge formen (oder sogar bereits backen). Dann alles separat im Kühlschrank aufbewahren und die Bratlinge vor dem Verzehr aufwärmen.

Serviervorschläge: Die Bratlinge mit veganer Mayonnaise servieren, die mit 2 Esslöffeln gehackten Minzblättern und 2 Teelöffeln Zitronensaft verfeinert wurde.

AFRIKANISCHER ERDNUSSEINTOPF

ZUBEREITUNGS- UND KOCHZEIT: 40 MINUTEN | FÜR: 4 PERSONEN

300 g Babykartoffeln (Drillinge)

1 Bund Mangold (750 g)

2 EL natives Olivenöl extra

1 EL Ingwer, frisch gerieben

1 Knoblauchzehe, gehackt

1 mittelgroße Zwiebel (150 g), in Spalten geschnitten

1 große Süßkartoffel (500 g), in 5 cm große Würfel geschnitten

1 TL gemahlener Kreuzkümmel

1 TL Chiliflocken

2 EL Tomatenmark

280 g stückige Erdnussbutter

500 ml Gemüsebrühe

2 EL frisch gepresster Limettensaft

Salz, Pfeffer

30 g frische Korianderblätter

70 g geröstete ungesalzene Erdnüsse

1. Die Babykartoffeln in einen mittelgroßen Topf geben und mit Wasser bedecken. Wasser bei starker Hitze aufkochen und Kartoffeln 6 Minuten vorkochen. In ein Sieb abgießen. Inzwischen die Mangoldstängel vom Strunk trennen und in dünne Scheiben schneiden. Die Blätter in Stücke zupfen.

2. In einem großen Topf auf mittlerer Stufe 1 Esslöffel Öl erhitzen. Ingwer, Knoblauch und Zwiebel 2 Minuten darin anbraten. Die Süßkartoffel dazugeben und unter Rühren 5 Minuten braten, bis sie leicht goldbraun wird. Kreuzkümmel, Chiliflocken und Tomatenmark zufügen und 1 Minute mitbraten.

3. Erdnussbutter, Brühe und 310 ml Wasser einrühren, sodass sich alles gut vermischt. Die vorgekochten Kartoffeln und die Mangoldstängel dazugeben und alles zum Kochen bringen. Die Temperatur reduzieren und Eintopf zugedeckt 12 Minuten köcheln lassen, bis die Kartoffeln weich sind. Dabei gelegentlich umrühren, damit nichts am Boden anhaftet. Topf vom Herd nehmen und den Limettensaft unterrühren.

4. Direkt vor dem Servieren das restliche Öl in einer großen Bratpfanne erhitzen. Die Mangoldblätter darin in 3 Minuten zusammenfallen lassen. Mit Salz und Pfeffer abschmecken.

5. Den Eintopf sofort mit Mangoldblättern, Koriander und Erdnüssen garniert servieren.

Serviervorschläge: Für einen extra Geschmackskick den Eintopf mit in Ringe geschnittener roter Chili bestreuen. Mit braunem Reis und Limettenspalten servieren.

NOT DOGS

KIMCHI-NOT-DOGS

ZUBEREITUNGS- UND KOCHZEIT:
20 MINUTEN | FÜR: 4 PERSONEN

In einer großen Schüssel 125 g gehobelten Weiß-kohl, 1 in feine Ringe geschnittene Frühlings-zwiebel, 20 g grob gehackten frischen Koriander, 2 Esslöffel Zitronensaft und ¼ Teelöffel Sesamöl gründlich vermischen. Für das Dressing ¼ Teelöf-fel Sesamöl und 150 g vegane Mayonnaise in ei-ner kleinen Schüssel verrühren, mit Salz und Pfef-fer würzen. Eine große, leicht eingeölte Bratpfan-ne stark erhitzen. 4 vegane Hotdog-Würstchen (320 g) 2 Minuten darin anbraten. 100 g gehacktes veganes Kimchi dazugeben. Unter häufigem Wenden weitere 3 Minuten braten, bis alles gut durchgewärmt ist. 4 lange Brötchen (240 g) auf-, aber nicht durchschneiden und auf dem Toaster oder im Ofen erwärmen. Die Brötchen mit den veganen Würstchen und Kimchi füllen, dann mit Krautsalat und 2 Teelöffeln gerösteten Sesamsa-men garnieren. Mit dem Dressing beträufeln.

REUBEN-NOT-DOGS

ZUBEREITUNGS- UND KOCHZEIT:
30 MINUTEN | FÜR: 4 PERSONEN

Für das Dressing 75 g vegane Mayonnaise, ½ Tee-löffel Tamarindenpüree und jeweils 1 Esslöffel Tomatensauce, süße Senfgurke (klein gewürfelt) und Zitronensaft in einer kleinen Schüssel gut mischen. 1 Esslöffel Olivenöl in einer Bratpfanne auf niedriger Stufe erhitzen. 1 große, in Schei-ben geschnittene Zwiebel (200 g) darin unter gelegentlichem Rühren 15 Minuten braten, bis sie karamellisiert ist. Aus der Pfanne nehmen und warm halten. 4 vegane Hotdog-Würstchen (320 g) in derselben Pfanne bei starker Hitze in 5 Minuten braun braten. 4 Brötchen (240 g) längs auf-, aber nicht durchschneiden, auf ein großes Backblech legen und mit 150 g veganem Cheddar in Scheiben belegen. 2 Minuten unter den vorge-heizten Grill legen, bis der Käse geschmolzen ist. Brötchen mit den veganen Würstchen, Zwiebel, 40 g Sauerkraut und 60 g in Scheiben geschnitte-nen Dillgurken füllen. Mit Dressing beträufeln.

BÁNH-MÌ-NOT-DOGS

NACHO-NOT-DOGS

ZUBEREITUNGS- UND KOCHZEIT:
20 MINUTEN | FÜR: **4 PERSONEN**

ZUBEREITUNGS- UND KOCHZEIT:
15 MINUTEN | FÜR: **4 PERSONEN**

1 kleine Karotte (70 g) und 100 g Daikon-Rettich in dünne Stifte schneiden. Mit 60 ml Reisweinessig in eine mittelgroße Schüssel geben, verrühren und mit Salz und Pfeffer würzen. 10 Minuten stehen lassen. 150 g vegane Mayonnaise und 1 Teelöffel Srirachasauce in einer kleinen Schüssel gründlich vermischen. Eine große, mit Öl eingepinselte Bratpfanne stark erhitzen. 4 vegane Hotdog-Würstchen (320 g) darin 5 Minuten braten, dabei mehrmals wenden, bis sie gebräunt sind. 4 lange Brötchen (240 g) längs auf-, aber nicht durchschneiden und auf dem Toaster oder im Ofen erwärmen. Schnittflächen mit der Sriracha-Mayonnaise bestreichen. Die Brötchen mit den veganen Würstchen füllen. Karotte und Daikon-Rettich abtropfen lassen und auf die Würstchen legen. Mit 1 in feine Ringe geschnittenen Frühlingszwiebel, jeweils 30 g frischen Minze- und Korianderblättern und 2 Esslöffeln gehackten, gerösteten und gesalzenen Erdnüssen bestreuen. Vor dem Servieren noch mit Srirachasauce beträufeln.

Den Ofen auf Grillstufe vorheizen. 4 vegane Hotdog-Würstchen (320 g) und 190 g mexikanische Bohnen bei schwacher Hitze in eine große beschichtete Bratpfanne geben. Unter mehrmaligem Wenden 3 Minuten braten. 4 lange Brötchen (240 g) längs auf-, aber nicht durchschneiden und auf ein mit Backpapier belegtes Backblech legen. Mit 25 g Mais-Chips, den vegane Würstchen und den Bohnen füllen und mit 125 g geriebenem veganen Cheddar bestreuen. 2 Minuten unter den heißen Grill stellen, bis der Käse geschmolzen ist. Mit 40 g in Scheiben geschnittenen eingelegten Jalapeño-Chilis und 15 g gehacktem Koriander garnieren.

MEXIKANISCHE QUINOA-TÖPFCHEN

ZUBEREITUNGS- UND KOCHZEIT: 35 MINUTEN | FÜR: 2 PERSONEN

100 g weiße Quinoa, gespült

1 Maiskolben (400 g),
ohne Blätter und Fäden

400 g schwarze Bohnen aus
der Dose, abgetropft, gespült

1 kleine rote Paprikaschote
(150 g), fein gehackt

2 Frühlingszwiebeln,
in feine Ringe geschnitten

1½ EL natives Olivenöl extra

2 EL Limettensaft

1 frische lange rote Chilischote, in dünne Ringe
geschnitten

Salz, Pfeffer

1 kleine Avocado (200 g),
Fruchtfleisch in Stücke
geschnitten

1 kleine Knoblauchzehe,
gehackt

2 Stängel frischer Koriander

2 Limettenspalten

Mais-Chips, zum Servieren
(nach Belieben)

1. Die Quinoa und 500 ml Wasser in einem kleinen Topf zum Kochen bringen. Temperatur reduzieren und Quinoa 12 Minuten köcheln lassen, bis sie weich ist. In ein Sieb abgießen und unter kaltem Wasser spülen.

2. Eine Grillpfanne (oder Bratpfanne mit schwerem Boden) stark erhitzen. Den Maiskolben darin unter häufigem Drehen in 12 Minuten rundum anbraten, bis ein leichtes Grillmuster zu sehen ist. Etwas abkühlen lassen, dann die Körner vom Kolben abschneiden.

3. Die gekochte Quinoa und die Maiskörner in eine mittelgroße Schüssel füllen. Schwarze Bohnen, Paprika, Frühlingszwiebel, Öl, die Hälfte vom Limettensaft und die Hälfte der Chili dazugeben. Alles gründlich mischen und mit Salz und Pfeffer abschmecken.

4. Die Avocado, den Knoblauch und den restlichen Limettensaft in eine kleine Schüssel geben. Mit einer Gabel zerdrücken, gut mischen und mit Salz und Pfeffer abschmecken.

5. Die Quinoamischung auf 2 Gläser mit 750 ml Fassungsvermögen verteilen. Avocadomus, jeweils 1 Korianderstängel, die restliche Chili daraufgeben und mit Limettenspalten und Mais-Chips servieren.

Tipp: Den Salat können Sie in einem beliebigen Gefäß anrichten.

Variante: Anstelle der schwarzen Bohnen eignen sich auch rote Kidneybohnen aus der Dose.

SÜSS-PIKANTE NUDELN MIT TOFU

ZUBEREITUNGS- UND KOCHZEIT: 30 MINUTEN | FÜR: 2 PERSONEN

200 g getrocknete Reis-
nudeln

250 g Naturtofu

1 EL Erdnussöl

1 Knoblauchzehe, gehackt

1 EL Ingwer, frisch gehackt

250 g TK-Pfannengemüse,
aufgetaut

60 ml süße Chilisauce

2 EL Srirachasauce

2 TL Tamari

50 g Keimsprossen, plus
mehr zum Servieren

2 EL gehackte Schalotten,
gebraten

20 g frische Korianderblätter

1. Die Nudeln in eine große, hitzebeständige Schüssel geben und mit kochendem Wasser bedecken. 5 Minuten stehen lassen, bis die Nudeln weich sind, dann durch ein Sieb abgießen.

2. Inzwischen den Tofu mit Küchenpapier gründlich trocken tupfen und in 2 cm große Würfel schneiden.

3. Das Öl in einem Wok oder einer großen Bratpfanne auf mittlerer Stufe erhitzen. Den Tofu darin in 1 Minute rundum goldbraun braten. Mit einem Schaumlöffel herausheben. Knoblauch, Ingwer und Pfannengemüse in den Wok geben und 1 Minute braten, bis das Gemüse anfängt, weich zu werden.

4. Die Nudeln, die Saucen und die Keimsprossen dazugeben. Unter vorsichtigem Rühren braten, damit die Nudeln nicht zerbrechen. Alles soll gut vermischt und erhitzt sein.

5. Die Nudelmischung auf die Schüsseln verteilen und mit Tofu, der Extramenge Keimsprossen, den gebratenen Schalotten und Korianderblättern garnieren.

Serviervorschläge: Das Nudelgericht können Sie auch mit in Ringe geschnittener Chilischote, gehackten Erdnüssen und Limettenspalten servieren.

KOKOS-TOMATEN-LINSEN-SUPPE

ZUBEREITUNGS- UND KOCHZEIT: 30 MINUTEN | FÜR: 4 PERSONEN

1 EL Kokosöl

1 kleine Zwiebel (80 g), in dünne Scheiben geschnitten

2 TL gelbe Senfkörner

2 TL Currypulver

2 EL Tomatenmark

200 g rote Linsen

1 l Gemüsebrühe

125 ml Kokosmilch, plus mehr zum Servieren

2 mittelgroße Tomaten (300 g), grob gehackt

Salz, Pfeffer

frische Korianderblätter und Zitronenspalten, zum Servieren

1. Das Kokosöl in einem mittelgroßen Topf auf mittlerer Stufe erhitzen. Die Zwiebel darin unter Rühren in 3 Minuten weich braten. Die Senfkörner dazugeben und 4 Minuten unter Rühren mitbraten, bis sie platzen. Das Currypulver einrühren und 1 Minute mitbraten. Das Tomatenmark unter Rühren weitere 30 Sekunden garen.

2. Linsen, Gemüsebrühe und Kokosmilch dazugeben und aufkochen. Temperatur reduzieren und Suppe zugedeckt unter gelegentlichem Rühren 10 Minuten köcheln lassen, bis die Linsen weich sind. Die Hälfte der Tomaten in die Suppe rühren und warm werden lassen. Mit Salz und Pfeffer abschmecken.

3. Die Suppe auf die Schüsseln verteilen, mit etwas Kokosmilch beträufeln und mit der restlichen Tomate und den Korianderblättern garnieren. Mit Zitronenspalten servieren.

Tipps: Diese Suppe lässt sich einfach in ein Curry verwandeln, indem Sie 250 ml weniger Gemüsebrühe verwenden. Wer mag, kann die Suppe mit grob gehackten Rauchmandeln oder zerkrümelten Pappadums bestreuen.

Haltbarkeit: Die Suppe kann am Ende von Arbeitsschritt 2 eingefroren werden. In luftdicht schließenden Behältern hält sie sich eingefroren 1 Monat.

TACOS MIT »CHORIZO«

ZUBEREITUNGS- UND KOCHZEIT: 35 MINUTEN (+ RUHEZEIT)
ERGIBT: 12 STÜCK

300 g Naturtofu

2 EL Olivenöl

400 g Kichererbsen aus der Dose, abgetropft, gespült

1 mittelgroße rote Zwiebel (170 g), fein gehackt

1½ TL Paprikapulver

1 TL gemahlener Koriander

1 TL gemahlener Kreuzkümmel

1 Knoblauchzehe, gehackt

1 EL fein gehackte Chipotle-Chili in Adobo-Sauce

125 ml Wasser

Salz, Pfeffer

12 kleine Maistortillas (300 g), erwärmt

240 g Weißkohl, fein gehobelt

1 Avocado (250 g), Frucht-fleisch in Scheiben geschnitten

15 g frische Korianderblätter

Ananas-Pickle

½ kleine Ananas (450 g)

60 ml Limettensaft

1½ EL Ahornsirup

1 EL Sojasauce

4 Radieschen (140 g), in Spalten geschnitten

1. Den Tofu abtropfen lassen und mit Küchenpapier trocken tupfen. Dann in erbsengroße Stücke zerkrümeln.
2. Das Ananas-Pickle zubereiten (siehe unten).
3. Das Öl in einer großen Bratpfanne auf mittlerer Stufe erhitzen. Die Kichererbsen darin in 5 Minuten knusprig braten. Tofu und Zwiebel dazugeben. 8 Minuten braten, bis der Tofu goldbraun und die Zwiebel leicht angeschmort ist. Die Temperatur etwas reduzieren. Gewürze und Knoblauch dazugeben und 2 Minuten rösten, bis sich ein feines Aroma entwickelt. Chipotle und Wasser zufügen. Mischung aufkochen lassen, dann unter Rühren 2 Minuten köcheln und eindicken lassen. Mit Salz und Pfeffer abschmecken.
4. Die Tortillas mit der Tofu-»Chorizo«-Mischung, Kohl und Avocado belegen, Ananas-Pickle und Radieschen darauf verteilen. Mit etwas Pickle-Flüssigkeit beträufeln und mit Korianderblättern bestreuen.

Ananas-Pickle: Die Ananas schälen und den Strunk entfernen, dann Fruchtfleisch mit einem Gemüsehobel, V-Hobel oder einem scharfen Messer in dünne Scheiben schneiden. Limettensaft, Ahornsirup und Sojasauce in einer flachen Schüssel verrühren. Die Ananasscheiben und Radieschenspalten dazugeben und gut mit der Sauce vermischen. Zugedeckt 10 Minuten stehen lassen (oder über Nacht in den Kühlschrank stellen).

Variante: Anstelle der Chipotle-Chili in Adobo-Sauce können Sie auch einen zusätzlichen Teelöffel geräuchertes Paprikapulver und eine kleine frische, gehackte Chilischote, Chilipulver oder Chiliflocken verwenden. Für eine glutenfreie Version eignet sich statt der Sojasauce Tamari.

SAMOSA-WRAPS

ZUBEREITUNGS- UND KOCHZEIT: 30 MINUTEN | FÜR: 2 PERSONEN

1 große Kartoffel (300 g), geschält, in 1 cm große Stücke geschnitten

2 EL natives Olivenöl extra

60 g TK-Erbsen

2 TL Currypulver

2 rote Quinoa-Wraps (90 g)

2 EL vegane Mayonnaise

30 g Babyspinat

1 Gurke (130 g), der Länge nach in dünne Scheiben geschnitten

½ rote Zwiebel (50 g), in dünne Scheiben geschnitten

20 g frische Korianderblätter

2 EL Mango-Chutney

½ Limette (35 g), in Spalten geschnitten

1. Die Kartoffel in einem Topf mit Wasser oder in der Mikrowelle weich garen, dann in ein Sieb abgießen.

2. Das Öl in einer mittelgroßen Bratpfanne stark erhitzen. Kartoffel, Erbsen und Currypulver darin unter Rühren 3 Minuten braten, bis die Kartoffeln etwas zerfallen und die Erbsen heiß sind.

3. Die Wraps mit Mayonnaise bestreichen, mit Spinatblättern, Gurke, Zwiebel, Koriander, der Kartoffelmischung und dem Chutney belegen. So zusammenklappen, dass die Füllung nicht herausfällt. Mit Limettenspalten servieren.

Vorbereiten: Diese Wraps schmecken warm oder kalt. Für kalte Wraps die Kartoffelfüllung vor dem Füllen abkühlen lassen. Die fertiggestellten Wraps mit Frischhaltefolie abdecken und bis zum Verzehr in den Kühlschrank stellen. Wenn die Wraps warm gegessen, aber im Voraus zubereitet werden sollen, Füllung und Wraps gesondert aufbewahren. Die Kartoffelfüllung vor dem Füllen und Verzehr erwärmen.

Haltbarkeit: Die Kartoffelmischung hält sich im Kühlschrank 3 Tage.

BOLLYWOOD-TOFU-KEBABS MIT MINZ-JOGHURT-SAUCE

ZUBEREITUNGS- UND KOCHZEIT: 35 MINUTEN | FÜR: 4 STÜCK

500 g Naturtofu

1 mittelgroße rote Paprika-schote (200 g)

1 mittelgroße rote Zwiebel (170 g)

2 mittelgroße Tomaten (300 g)

2 EL Tandoori-Paste

95 g Kokosjoghurt

1 EL kleine frische Minzblätter

Limettenspalten, zum Servieren

Minz-Joghurt-Sauce

140 g Kokosjoghurt

2 EL fein gehackte frische Minzblätter

60 ml frisch gepresster Limettensaft

1. Eine eingeölte Grillplatte vorheizen. 4 Bambusspieße in einer Schüssel mit kaltem Wasser einweichen, damit sie nicht anbrennen.
2. Den Tofu abgießen und mit Küchenpapier trocken tupfen, dann in 2 x 4 cm große Stücke schneiden. Die Paprikaschote entkernen. Paprika und Zwiebel in etwa 8 ca. 4 cm große Stücke schneiden. Die Tomaten vierteln.
3. Tandoori-Paste und Kokosjoghurt in einer mittelgroßen Schüssel verrühren. Den Tofu vorsichtig unterheben, bis er gleichmäßig mit der Sauce überzogen ist.
4. Gemüse und Tofu abwechselnd auf die Spieße stecken. Die Kebabs auf die Grillplatte legen und von jeder Seite 5 Minuten grillen, bis das Gemüse weich und der Tofu goldbraun ist.
5. Die Minz-Joghurt-Sauce zubereiten (siehe unten).
6. Die Kebabs mit Sauce, Minzblättern und Limettenspalten servieren.

Mint-Joghurt-Sauce: Alle Zutaten in einer Küchenmaschine zu einer glatten Sauce verarbeiten. (Alternativ die Zutaten in einer kleinen Schüssel verrühren.) Ergibt etwa 200 g.

Tipps: Diese Kebabs sind recht scharf. Wer es lieber milder mag, nimmt einfach weniger Tandoori-Paste. Sie können die Spieße auch 30 Minuten bei 220 °C im Ofen garen, bis sie gebräunt sind. Nach der Hälfte der Zeit wenden.

GRIECHISCHER SALAT

ZUBEREITUNGS- UND KOCHZEIT: **30 MINUTEN** | FÜR: **4 PERSONEN**

1 EL natives Olivenöl extra

1 Knoblauchzehe, gehackt

400 g Mondbohnen (Lima-bohnen) aus der Dose, abgetropft, gespült

1 TL Chiliflocken

2 Baby-Römersalate (400 g), geputzt, geviertelt

500 g gemischte grüne Toma-ten, in Scheiben geschnitten

200 g Minigurken, längs hal-biert, in Stücke geschnitten

1 mittelgroße gelbe Paprika-schote (200 g), entkernt, in Streifen geschnitten

75 g Kalamata-Oliven, ohne Stein

120 g marinierter Mandel- oder Macadamia-Feta

15 g frische Oreganoblätter

Oregano-Dressing

60 ml natives Olivenöl extra

1 EL Weißweinessig

2 EL Zitronensaft

1 kleine Knoblauchzehe, gehackt

1 TL getrockneter Oregano

½ TL extrafeiner Streuzucker

Salz, Pfeffer

1. Das Oregano-Dressing zubereiten (siehe unten).

2. Das Öl in einer mittelgroßen Bratpfanne auf mittlerer Stufe erhitzen. Knoblauch und Bohnen dazugeben und unter gelegent-lichem Rühren 5 Minuten braten, bis die Bohnen braun werden. Pfanne vom Herd nehmen, Bohnen mit Chiliflocken bestreuen und in der Pfanne abkühlen lassen.

3. Die Salatblätter mit der Bohnenmischung, Tomaten, Gurke und Paprika auf einer großen Platte oder auf einzelnen Tellern anrichten. Oliven und Feta darauf verteilen.

4. Den Salat mit dem Dressing beträufeln und mit Oreganoblät-tern bestreuen.

Oregano-Dressing: Alle Zutaten in ein Schraubglas geben und gründlich schütteln. Mit Salz und Pfeffer abschmecken.

SUPERGREENS-GEMÜSECURRY

ZUBEREITUNGS- UND KOCHZEIT: **40 MINUTEN** | FÜR: **4 PERSONEN**

4 Knoblauchzehen

60 g frische Basilikumblätter

45 g Ingwer, frisch gehackt

1 Bund frischer Koriander, Blätter abgezupft, Stängel und Wurzeln aufbewahrt

2 frische lange grüne Chilischoten, entkernt, in dünne Ringe geschnitten

400 g Grünkohl, in Streifen geschnitten

125 ml Traubenkernöl

2 mittelgroße Auberginen (600 g)

200 g Perlgraupen, gespült

400 ml Kokosmilch aus der Dose

250 ml Gemüsebrühe

300 g Zuckerschoten

120 g TK-Erbsen, aufgetaut

Salz, Pfeffer

1. Knoblauch, Basilikum, Ingwer, Korianderstängel und -wurzeln und jeweils die Hälfte der Chilischote, des Grünkohls und des Öls in der Küchenmaschine zu einer glatten Paste verarbeiten. 60 g davon abmessen, den Rest beiseite stellen.

2. Die Aubergine in 4 cm dicke Scheiben schneiden. Das restliche Öl in einem großen Topf mit schwerem Boden stark erhitzen. Die Auberginenscheiben darin portionsweise in 3 Minuten von jeder Seite goldbraun und weich braten. Auf Küchenpapier abtropfen lassen und warm halten.

3. Die Graupen in einem Topf mit kochendem Wasser in 20 Minuten weich kochen. Dann in einem Sieb gut abtropfen lassen.

4. Die Temperatur reduzieren und die beiseite gestellte Currypaste in den Topf geben. Unter Rühren 1 Minute anbraten, bis sich ein feines Aroma entwickelt. Die Dose mit der Kokosmilch gründlich schütteln, dann die Kokosmilch zusammen mit der Gemüsebrühe in den Topf geben und gründlich verrühren. Zum Köcheln bringen.

5. Zuckerschoten und Erbsen, den restlichen Grünkohl und die 60 g Currypaste einrühren. 2 Minuten kochen, bis die Erbsen weich werden. Mit Salz und Pfeffer würzen.

6. Graupen und Auberginen auf die Teller geben. Curry obenauf verteilen und mit Korianderblättern und den restlichen Chilischeiben garnieren.

Variante: Sie können anstelle von Grünkohl auch ein asiatisches Blattgemüse verwenden.

Einfach

Mehr als 45 Minuten

Suchen Sie nach einer Herausforderung am Wochenende oder einem arbeitsfreien Tag? Die veganen Rezepte in diesem Kapitel brauchen zwar etwas mehr Zeit, aber jede Minute lohnt sich, denn die Ergebnisse sind einfach köstlich.

PIKANTER KOKOS-MILCHREIS MIT SAFRAN-BIRNEN

ZUBEREITUNGS- UND KOCHZEIT: 1 STUNDE | FÜR: 4 PERSONEN

150 g Arborio-Reis

500 ml Kokos-Mandel-Drink

125 ml Kokossahne + 80 ml zum Garnieren

55 g extrafeiner Streuzucker

2 frische Lorbeerblätter

1 TL Meersalzflocken

15 g Kokosraspel, geröstet

Safran-Birnen

110 g extrafeiner Streuzucker

½ TL Safranfäden

2 Sternanis

3 Kardamomkapseln, zerdrückt

1 Zimtstange

4 kleine Corella-Birnen (400 g), geschält, halbiert, Kerngehäuse entfernt (siehe Tipps)

1. Die Safran-Birnen zubereiten (siehe unten).

2. Reis, Kokos-Mandel-Drink, 125 ml Kokossahne und Zucker in einen Topf geben und bei mittlerer Hitze zum Kochen bringen. Die Lorbeerblätter einrühren. Die Temperatur reduzieren und Reis 25 Minuten köcheln lassen, bis er gerade weich wird. Das Salz unterrühren.

3. Den Milchreis auf Schüsseln verteilen und mit der restlichen Kokossahne begießen. Jeweils 2 Birnenhälften mit etwas Sirup obenauf geben und mit Kokosraspeln garnieren.

Safran-Birnen: Den Zucker mit 750 ml Wasser in einen Topf geben und bei mittlerer Hitze rühren, bis er sich aufgelöst hat. Dann Zuckerwasser zum Kochen bringen. Gewürze und Birnen dazugeben, dabei darauf achten, dass die Birnen vollständig in der Flüssigkeit liegen. Temperatur reduzieren und Birnen in 20 Minuten weich garen. Mit einem Schaumlöffel herausheben. Die Kochflüssigkeit bei höherer Temperatur 10 Minuten einkochen, bis sie eine sirupartige Konsistenz hat.

Tipps: Sind die Corella-Birnen sehr klein, können Sie sie ganz lassen und das Kerngehäuse von unten mit einem Melonenausstecher entfernen. Wenn Sie genügend Zeit haben, können Sie die Birnen bereits am Vortag kochen, dadurch intensivieren sich Aroma und Farbe.

Variante: Anstelle des Safrans können Sie ¼ Teelöffel gemahlene Kurkuma verwenden.

ANANAS-SCHWARZER-REIS-PFANNE

ZUBEREITUNGS- UND KOCHZEIT: 55 MINUTEN | FÜR: 2 PERSONEN

210 g schwarzer Reis

60 ml Pflanzenöl

4 Frühlingszwiebeln,
in dünne Ringe geschnitten

2 Knoblauchzehen,
in Scheiben geschnitten

20 g frischer Ingwer,
geschält, in feine Stifte
geschnitten

1 Baby-Pak-Choi (150 g),
geviertelt

100 g Zuckerschoten, halbiert

1 mittelgroße Paprikaschote
(200 g), in dünne Streifen
geschnitten

½ kleine reife Ananas
(450 g), in dünne Scheiben
geschnitten

2 EL Tamari

2 EL frisch gepresster
Limettensaft

1. Den Reis mit 2 l Wasser in einen großen Topf geben und aufkochen. Zugedeckt 35 Minuten köcheln lassen, bis er weich ist. In einem Sieb gut abtropfen lassen.

2. Das Öl bei starker Hitze in einem Wok erhitzen. Frühlingszwiebel, Knoblauch und Ingwer 2 Minuten darin anbraten. Pak Choi, Zuckerschoten, Paprika und Ananas dazugeben und 3 Minuten unter Rühren braten. Den gekochten Reis, Tamari und Limettensaft zufügen und 1 Minute unter Rühren garen. Dann auf Schüsseln verteilen.

Tipp: Sie können beim Braten der Frühlingszwiebeln noch gehackten festen Tofu dazugeben.

Variante: Anstelle der Zuckerschoten können Sie auch grüne Bohnen verwenden. Als Ersatz für frische Ananas können Sie Ananasscheiben aus der Dose wählen, die Sie aber gut abtropfen lassen müssen. Nach Belieben eignet sich auch brauner oder roter Reis.

Serviervorschläge: Die Reispfanne mit Korianderblättern garnieren und mit Srirachasauce servieren.

SAATEN-KNÄCKEBROT

ZUBEREITUNGS- UND BACKZEIT: 55 MINUTEN (+ ABKÜHLZEIT)
ERGIBT: 24 STÜCK

30 g Chiasamen

150 g Sonnenblumenkerne

100 g Kürbiskerne

75 g Buchweizenmehl

30 g Dukkah

55 g Kokosöl, zerlassen

Salz

1. Ein großes Backblech in den Backofen schieben und diesen auf 180 °C vorheizen.

2. Die Chiasamen in einer kleinen Schüssel mit 125 ml Wasser mischen und 10 Minuten einweichen lassen.

3. In der Küchenmaschine die Sonnenblumen- und Kürbiskerne in Intervallen fein hacken, dann in eine große Schüssel umfüllen. Buchweizenmehl und Dukkah unterrühren. Die eingeweichten Chiasamen und das Kokosöl dazugeben, salzen. Alles mit den Händen gut vermengen, dann zu einer Kugel formen.

4. Den Teig zwischen 2 Lagen Backpapier auf ein Rechteck von 23 x 33 cm Größe ausrollen. Mit einem Messer 24 Rechtecke vorzeichnen. Den Teig mit dem Backpapier auf das vorgeheizte Backblech ziehen und 25 Minuten im Ofen backen, bis das Brot knusprig und leicht gebräunt ist. Noch warm die Rechtecke zuschneiden. Abkühlen lassen.

Haltbarkeit: In einem dicht schließenden Behälter hält sich das Knäckebrot 2 Wochen.

SONNENBLUMENKERN-BOLOGNESE

ZUBEREITUNGS- UND KOCHZEIT: 45 MINUTEN | FÜR: 2 PERSONEN

100 g Sonnenblumenkerne

375 ml kochendes Wasser

2 EL natives Olivenöl extra

½ mittelgroße Zwiebel (75 g), fein gehackt

1 kleine Karotte (70 g), fein gehackt

2 Knoblauchzehen, gehackt

1 EL frische Thymianblätter, gehackt

2 TL frische Rosmarinblätter, gehackt

70 g Tomatenmark

400 g stückige Tomaten aus der Dose

½ TL geräuchertes Paprikapulver

Salz, Pfeffer

200 g Pappardelle ohne Ei (siehe Tipp)

veganer Parmesan, gerieben, und frische Basilikumblätter, zum Servieren

1. Die Sonnenblumenkerne in einer Küchenmaschine sehr fein hacken. Die Kerne in eine hitzebeständige Schüssel umfüllen, mit dem kochenden Wasser übergießen und 15 Minuten einweichen lassen.

2. Inzwischen das Öl in einem mittelgroßen Topf auf mittlerer Stufe erhitzen. Zwiebel und Karotte dazugeben und in 4 Minuten weich braten. Knoblauch und Kräuter zufügen und 2 Minuten braten, bis sich ein feines Aroma entwickelt. Die Sonnenblumenkerne und die Einweichflüssigkeit zusammen mit Tomatenmark, Dosentomaten und Paprikapulver in den Topf geben. Alles zum Kochen bringen und 10 Minuten einkochen, bis die Sauce eingedickt ist. Mit Salz und Pfeffer abschmecken.

3. Inzwischen in einem großen Topf ausreichend gesalzenes Wasser zum Kochen bringen. Die Pasta darin in 10 Minuten al dente kochen, dann durch ein Sieb abgießen.

4. Die Nudeln mit der Sauce vermischen, in Schüsseln verteilen und mit Parmesan und Basilikum bestreuen.

Tipp: Pasta besteht meist aus Hartweizengrieß und Wasser und kann auch Ei beinhalten, dies gilt insbesondere für Nudeln wie Pappardelle. Sehen Sie auf der Packung nach, ob tierische Produkte verwendet wurden. Sie können für dieses Rezept auch frische, in lange Streifen geschnittene Lasagneblätter oder Spaghetti nehmen.

BLUMENKOHL-TACO-»FLEISCH« MIT PFIRSICH-SALSA

ZUBEREITUNGS- UND KOCHZEIT: 50 MINUTEN | FÜR: 4 PERSONEN

600 g Blumenkohl,
in Röschen zerteilt

100 g Walnusskerne

2 EL gehackte Chipotle-
Chilischoten in Adobo-Sauce

2 TL Knoblauchpulver

125 ml Limettensaft

2 EL natives Olivenöl extra

Salz, Pfeffer

2 mittelgroße Pfirsiche
(300 g), fein gehackt

1 frische lange grüne Chilischote, entkernt, in Ringe
geschnitten

½ kleine rote Zwiebel (50 g),
fein gehackt

60 g frischer Koriander

2 große Avocados (640 g)

12 x 15 cm große Mais-
Tortillas (300 g)

Limettenspalten,
zum Servieren

1. Den Backofen auf 220 °C vorheizen. 2 Backbleche mit Backpapier auslegen.

2. Blumenkohl, Walnüsse, Chipotle-Chili und Knoblauchpulver in der Küchenmaschine fein hacken. Die Mischung in eine große Schüssel umfüllen. 60 ml Limettensaft und das Öl dazugeben, mit Salz und Pfeffer würzen. Alles gründlich vermischen. Die Mischung gleichmäßig auf beide Bleche streichen und in 30 Minuten im Ofen goldbraun und knusprig braten, dabei alle 10 Minuten durchrühren.

3. Inzwischen die Pfirsiche mit der frischen Chili, Zwiebel, der Hälfte des Korianders und 1 Esslöffel des restlichen Limettensaftes in einer Schüssel vermischen. Mit Salz und Pfeffer abschmecken.

4. Die Avocados halbieren, die Kerne entfernen und das Fruchtfleisch mit dem restlichen Limettensaft in eine Schüssel geben. Mit einer Gabel zerdrücken und mit Salz und Pfeffer abschmecken.

5. Die Tortillas in einer vorgeheizten eingeölten Grillpfanne (oder Bratpfanne) braten, bis sich ein leichtes Grillmuster abzeichnet. Das Blumenkohl-Taco-»Fleisch« mit Tortillas, Pfirsich-Salsa, zerdrückter Avocado, dem restlichem Koriander und Limettenspalten servieren.

GENIALE COBBLER

PFIRSICH-ZIMT-COBBLER

ZUBEREITUNGS- UND KOCHZEIT:
1 STUNDE | FÜR: 6 PERSONEN

Den Backofen auf 220 °C vorheizen. Eine ofenfeste Stielpfanne (Ø 25 cm) mit Backpapier auslegen. 6 große Pfirsiche (1,3 kg) halbieren und die Kerne entfernen. Jede Hälfte in 3 Spalten schneiden. ¾ der Pfirsiche auf dem Pfannenboden verteilen. Gleichmäßig mit einer Packung (340 g) veganer Vanillekuchen-Backmischung bestreuen. 125 g vegane Margarine darüber verteilen und mit 1 Teelöffel gemahlenem Zimt bestäuben. Mit den restlichen Pfirsichspalten belegen und mit 2 Esslöffeln braunem Zucker bestreuen. Die Stielpfanne mit Alufolie abdecken und auf der untersten Einschubleiste in den Ofen stellen. Cobbler 20 Minuten backen, dann die Folie entfernen und weitere 30 Minuten backen, bis die Oberfläche gebräunt und die Mitte fest ist. Mit Puderzucker bestäuben.

INGWER-BIRNEN-COBBLER

ZUBEREITUNGS- UND KOCHZEIT:
50 MINUTEN | FÜR: 6 PERSONEN

Den Backofen auf 220 °C vorheizen. Eine ofenfeste Form (17 x 30 cm) mit Backpapier auslegen. 6 mittelgroße Birnen (1,4 kg) halbieren, das Kerngehäuse entfernen und jede Hälfte in 3 Spalten schneiden. ¾ der Birnen auf dem Boden der Form verteilen. Gleichmäßig mit einer Packung (340 g) veganer Vanillekuchen-Backmischung bestreuen. 125 g vegane Margarine darüber verteilen und 1 Esslöffel geriebenen Ingwer und 2 Esslöffel gehackte Mandeln darübergeben. Mit den restlichen Birnenspalten belegen. Die Form mit Alufolie abdecken und auf der untersten Einschubleiste in den Ofen stellen. Cobbler 20 Minuten backen, dann die Folie entfernen und weitere 20 Minuten backen, bis die Oberfläche gebräunt und die Mitte fest ist. Mit Ahornsirup beträufeln.

BROMBEER-APFEL-COBBLER

ZUBEREITUNGS- UND BACKZEIT:

1 STUNDE | FÜR: 6 PERSONEN

Den Backofen auf 220 °C vorheizen. Eine ofenfeste Stielpfanne (Ø 26 cm) mit Backpapier auslegen. 4 mittelgroße Äpfel (600 g) in dicke Scheiben schneiden, dabei das Kerngehäuse entfernen (oder jeden Apfel halbieren und dann jede Hälfte in 3 Spalten schneiden). ¾ der Äpfel auf dem Boden der Form verteilen. Gleichmäßig mit einer Packung (340 g) veganer Vanillekuchen-Backmischung bestreuen. 125 g vegane Margarine darauf verteilen und mit 1 Teelöffel gemahlenem Zimt bestäuben. Mit den restlichen Apfelscheiben und 200 g Brombeeren belegen. Die Stielpfanne mit Alufolie abdecken und auf der untersten Einschubleiste in den Ofen stellen. Cobbler 20 Minuten backen, dann die Folie entfernen und weitere 30 Minuten backen, bis die Oberfläche gebräunt und die Mitte fest ist. Mit Demerara-Zucker bestreuen.

SCHOKO-BANANEN-COBBLER

ZUBEREITUNGS- UND BACKZEIT:

50 MINUTEN | FÜR: 6 PERSONEN

Den Backofen auf 220 °C vorheizen. Eine ofenfeste Form (17 x 30 cm) mit Backpapier auslegen. 6 kleine Bananen (780 g) schälen und der Länge nach halbieren. Die Bananen mit der Schnittfläche nach oben in die Form legen. Gleichmäßig mit einer Packung (340 g) veganer Schokokuchen-Backmischung bestreuen. 125 g vegane Margarine darauf verteilen. 2 Esslöffel dunklen Rum mit 2 Esslöffeln Wasser mischen und darüberträufeln. Mit 2 Esslöffeln gerösteten Walnusskernen belegen. Die Form mit Alufolie abdecken und auf der untersten Einschubleiste in den Ofen stellen. Cobbler 20 Minuten backen, dann die Folie entfernen und weitere 20 Minuten backen, bis die Oberfläche gebräunt und die Mitte fest ist. Mit Kakaopulver bestäuben. Mit veganer Eiscreme servieren und diese mit geschmolzener veganer dunkler Schokolade beträufeln.

REISNUDELSALAT MIT MANGO UND TEMPEH

ZUBEREITUNGS- UND KOCHZEIT: 45 MINUTEN (+ KÜHLZEIT)

FÜR: 4 PERSONEN

80 ml Tamari

1 EL Reisweinessig

1 EL Ahornsirup

2 TL Ingwer, frisch gerieben

250 g Tempeh, in 5 mm dicke Scheiben geschnitten

80 ml Limettensaft

60 ml natives Olivenöl extra

2 TL Kokoszucker

1 frische lange rote Chilischote, in dünne Scheiben geschnitten

1 TL Sesamöl

250 g schwarze Reisnudeln (siehe Tipp)

1 mittelgroße Mango (430 g), geschält, in Scheiben geschnitten

1 Gurke (170 g), mit dem Gemüseschäler in Streifen geschnitten

75 g Cashewkerne, geröstet, grob gehackt

30 g frische Thaibasilikumblätter

Limettenspalten, zum Servieren

1. Die Hälfte des Tamari, den Essig, Ahornsirup und Ingwer in einer flachen Schüssel vermischen. Tempeh dazugeben und darin wenden, sodass die Scheiben gut mit der Sauce überzogen sind. Mit Frischhaltefolie abdecken und 1 Stunde in den Kühlschrank stellen.
2. Limettensaft, 2 Esslöffel Olivenöl, das restliche Tamari, den Kokoszucker, Chili und Sesamöl in einer kleinen Schüssel vermischen.
3. Die Nudeln in einem Topf mit kochendem Wasser in 5 Minuten weich kochen, dann duch ein Sieb abgießen. Unter fließendem kaltem Wasser spülen, abtropfen lassen und in eine große Schüssel umfüllen.
4. Das restliche Öl in einer mittelgroßen Bratpfanne auf mittlerer Stufe erhitzen. Tempeh mit der Marinade in die Pfanne geben und von jeder Seite 1 Minute braten, bis es leicht gebräunt ist.
5. Limettendressing, Tempeh, Mango, Gurke, Cashewkerne und Basilikum zu den Nudeln geben. Alles vorsichtig vermischen und mit Limettenspalten servieren.

Tipp: Schwarze Reisnudeln enthalten im Vergleich zu normalen weißen Reisnudeln mehr Ballaststoffe, Proteine und Antioxidantien.

MAC 'N' CHEESE

ZUBEREITUNGS- UND KOCHZEIT: 50 MINUTEN | FÜR: 4 PERSONEN

500 g Makkaroni

30 g vegane Margarine

35 g Weizenmehl

1 TL geräuchertes Paprikapulver

¼ TL gemahlener Cayenne-
pfeffer

¼ TL Knoblauchpulver

750 ml Macadamiadrink

225 g veganer Mozzarella,
gerieben

55 g veganer Parmesan,
gerieben

1 EL Nährhefeflocken

Salz, Pfeffer

Tempeh-»Speckwürfel«

300 g Tempeh

2 EL Ahornsirup

2 TL geräuchertes Paprikapulver

2 TL Tamari

2 EL Olivenöl

Salz, Pfeffer

1. Die Tempeh-»Speckwürfel« zubereiten (siehe unten).

2. Die Makkaroni in einem großen Topf mit kochendem Salzwasser in 8 Minuten al dente kochen, Durch ein Sieb abgießen, abtropfen lassen und wieder in den Topf geben.

3. Inzwischen die Margarine in einem mittelgroßen Topf stark erhitzen. Mehl, geräuchertes Paprikapulver, Cayennepfeffer und Knoblauchpulver dazugeben. Unter Rühren 2 Minuten braten, bis eine homogene Masse entstanden ist. Nach und nach unter ständigem Rühren den Macadamiadrink zugießen. Mischung aufkochen lassen, bis sie eingedickt ist. Den veganen Käse und die Nährhefeflocken unterrühren und schmelzen lassen. Mit Salz und Pfeffer abschmecken.

4. Die heiße Käsesauce mit den Makkaroni vermischen, in Schüsseln füllen und mit Tempeh-»Speckwürfeln« bestreut servieren.

Tempeh-»Speckwürfel«: Das Tempeh sehr klein zerkrümeln. In 2 Portionen auf eine doppelte Lage Küchenpapier geben und fest ausdrücken, um überschüssige Feuchtigkeit zu entfernen. Ahornsirup, geräuchertes Paprikapulver und Tamari in einer kleinen Schüssel verrühren. Das Öl in einer beschichteten Bratpfanne auf mittlerer Stufe erhitzen. Tempeh darin unter Rühren mit einem Holzlöffel 8 Minuten braten, bis es leicht gebräunt und sehr trocken ist, dabei mit dem Löffel weiter zerkleinern. Die Paprikamischung dazugeben und weitere 10 Minuten braten, bis das Tempeh dunkel, trocken und sehr krümelig ist. Auf Küchenpapier abtropfen lassen, mit Salz und Pfeffer würzen. Abkühlen lassen.

Haltbarkeit: Tempeh-»Speckwürfel« halten sich im Kühlschrank 1 Woche. Über gebackene Süßkartoffeln oder Salate gestreut, sorgen sie für Textur und Aroma.

Serviervorschläge: Mit fein gehackten Kräutern wie Schnittlauch oder Petersilie bestreut servieren.

ZUCCHINI-GRÜNKOHL-FRITTATA

ZUBEREITUNGS- UND KOCHZEIT: 50 MINUTEN ERGIBT: 12 STÜCK

4 mittelgroße Zucchini (480 g)

2 EL natives Olivenöl extra

1 mittelgroße Zwiebel (150 g), fein gehackt

½ TL Kreuzkümmelsamen, zerdrückt

½ TL Fenchelsamen, zerdrückt

2 Knoblauchzehen, gehackt

2 EL Ingwer, frisch gerieben

350 g lila Grünkohl

300 g Naturtofu

125 ml Sojadrink

55 g Vollkornmehl

2 EL Nährhefeflocken

1 TL gemahlene Kurkuma

Olivenöl-Kochspray

1. Den Backofen auf 160 °C vorheizen. Die Mulden eines Muffinblechs (12 Mulden) mit überlappenden Backpapierquadraten auslegen.

2. 3 Zucchini grob raspeln, in ein sauberes Küchentuch geben und die überschüssige Flüssigkeit auswringen. (Alternativ jeweils 1 kleine Handvoll Zucchini fest ausdrücken.)

3. Das Öl in einer Bratpfanne auf mittlerer Stufe erhitzen. Zwiebel und Samen dazugeben und unter Rühren 4 Minuten braten, bis die Zwiebel weich ist. Knoblauch und Ingwer zufügen und 1 Minute weiterbraten, bis sich ein feines Aroma entwickelt.

4. Die Grünkohlblätter von den Stängeln streifen. Die Stängel wegwerfen und 200 g Blätter abwiegen. ⅔ der Blätter grob hacken. Den gehackten Grünkohl und die geriebenen Zucchini in die Pfanne geben und 2 Minuten braten. Dann abkühlen lassen.

5. Inzwischen den Tofu mit dem Sojadrink, dem Mehl, den Hefeflocken und der Kurkuma in der Küchenmaschine zu einer glatten Masse verarbeiten.

6. Die Tofumischung mit der Zucchinimischung in einem großen Krug vermengen. Diese Mischung in die Mulden der Muffinform gießen. Mit einem Gemüseschäler die letzte Zucchini in dünne lange Streifen schneiden und diese aufrollen. Den Teig in den Muffinmulden mit den restlichen Grünkohlblättern und den Zucchinirollen belegen und mit Öl besprühen.

7. Die Frittatas 20 Minuten im Ofen backen, bis sie goldbraun und fest geworden sind.

Tipp: Grüne Blattgemüse versorgen Veganer mit einer Fülle an Nährstoffen wie Eisen, Kalzium und mit einer Reihe wertvoller Vitamine. Verbessern Sie die Eisenaufnahme, indem Sie die Frittatas mit Zitronenspalten servieren.

Variante: Anstelle des lila Grünkohls können Sie in gleicher Menge Palmkohl verwenden.

Serviervorschlag: Mit veganer Mayonnaise servieren.

»STEAK« UND KARTOFFELPÜREE MIT KRÄUTER-BRATENSAUCE

ZUBEREITUNGS- UND KOCHZEIT: 50 MINUTEN | FÜR: 4 PERSONEN

60 ml Olivenöl

2 EL Aceto balsamico

4 Knoblauchzehen, gehackt

2 TL geräuchertes Paprika-pulver

Salz, Pfeffer

800 g große Champignons, ohne Stiele

Kartoffelpüree

1 kg mehlige Kartoffeln mit Schale, gewaschen

Salz

250 ml Sojadrink

40 g vegane Margarine

Pfeffer

Kräuter-Bratensauce

50 g veganes Bratensaucen-pulver

250 ml salzreduzierte vegane Brühe nach Rinderart

2 EL Brandy

Salz, Pfeffer

15 g fein gehackte glatte Petersilienblätter

1. Öl, Balsamico, Knoblauch und Paprikapulver in ein Schraub-glas geben. Großzügig salzen und pfeffern. Kräftig schütteln, um alles gut zu vermischen. Die Pilzköpfe und die Balsamico-Mischung in einen großen verschließbaren Frischhaltebeutel füllen, verschließen und Pilze 30 Minuten stehen lassen.

2. Inzwischen das Kartoffelpüree, dann die Bratensauce zuberei-ten (siehe unten).

3. Eine Grillpfanne stark erhitzen und mit Backpapier auslegen. Die Pilze hineingeben, Pfanne mit Alufolie bedecken und Pilze von jeder Seite 2 Minuten braten, bis sich ein Grillmuster zeigt. Herausnehmen und in dicke Scheiben schneiden.

4. Die Pilzscheiben mit der Kräuter-Bratensauce auf dem Kartoffel-püree anrichten und mit der zurückbehaltenen Petersilie bestreuen.

Kartoffelpüree: Die Kartoffeln in einen großen Topf geben und mit gesalzenem, kaltem Wasser bedecken. Wasser aufkochen lassen und Kartoffeln in 30 Minuten weich kochen. Sobald die Kartoffeln so weit abgekühlt sind, dass man sie anfassen kann, schälen. Dann durch eine Kartoffelpresse oder ein Sieb wieder in den gesäuberten Topf pressen. Den Topf bei schwacher Hitze auf den Herd stellen, Sojadrink und Margarine dazugeben. Unter ständigem Rühren 4 Minuten kochen, bis ein homogenes Püree entstanden ist. Mit Salz und Pfeffer abschmecken.

Kräuter-Bratensauce: Saucenpulver, Brühe und Brandy mit 250 ml Wasser in einem kleinen Topf verrühren und bei mittlerer Hitze zum Kochen bringen. Wenn die Sauce eindickt, mit Salz und Pfeffer abschmecken. Die Hälfte der Petersilie unterrühren (die restliche Petersilie zum Servieren aufheben).

Serviervorschlag: Mit grünen Erbsen servieren.

SCHOKO-SCHICHTKUCHEN

ZUBEREITUNGS- UND BACKZEIT: 1 STUNDE (+ RUHEZEIT) |
FÜR: 10 PERSONEN

375 g Weizenmehl

100 g Backkakao, plus mehr zum Bestäuben

2 TL Backpulver

½ TL Natron

375 g Kokoszucker

160 ml Traubenkernöl

660 ml Sojadrink

2 EL Apfelessig

1 EL Vanilleextrakt

Schokoglasur

300 g vegane Margarine

360 g Puderzucker

50 g Backkakao

1½ EL Sojadrink

1½ TL Vanilleextrakt

1 Prise Meersalzflocken

1. Den Backofen auf 180 °C vorheizen. 2 Kuchenformen (Ø 20 cm) mit Backpapier auslegen.
2. Das gesiebte Mehl mit Kakao, Backpulver, Natron und Kokoszucker in einer großen Schüssel vermischen. Öl, Sojadrink, Essig und Vanille in einer zweiten Schüssel verquirlen. Feuchte Zutaten zu den trockenen gießen, gut mischen, aber nicht zu lange rühren. Teig auf die beiden Formen verteilen.
3. Die Kuchenböden 45 Minuten im Ofen backen (ein Holzstäbchen, das in die Mitte eingestochen wird, sollte beim Herausziehen keine Teigreste aufweisen). Die Böden 15 Minuten in der Form stehen lassen, dann auf ein Kuchengitter stürzen und ganz abkühlen lassen.
4. Die Schokoglasur zubereiten (siehe unten).
5. 1 Boden auf eine Kuchenplatte setzen und mit der Hälfte der Glasur bestreichen. Den zweiten Boden darauflegen und die restliche Glasur darauf verteilen. Vor dem Servieren mit der Extramenge Backkakao bestäuben.

Schokoglasur: Alle Zutaten in einer mittelgroßen Schüssel mit einem elektrischen Rührgerät aufschlagen, bis die Masse hell und cremig ist.

Vorbereiten: Die Kuchenböden können Sie bereits am Vortag backen. Sobald sie erkaltet sind, gut in Frischhaltefolie einwickeln und bei Zimmertemperatur aufbewahren.

Serviervorschläge: Den Kuchen mit veganen Schokoladestücken und essbaren rosa Blüten garnieren.

THYMIAN-KARTOFFEL-GRATIN

ZUBEREITUNGS- UND KOCHZEIT: 2 STUNDEN | FÜR: 4 PERSONEN

2 EL vegane Margarine

2 EL Weizenmehl

½ TL gemahlene Muskatnuss

1 l Mandeldrink

2 EL Nährhefeflocken

Salz, Pfeffer

1,2 kg festkochende Kartoffeln, geschält, in dünne Scheiben geschnitten

80 g blanchierte Mandeln, grob gehackt

¼ TL edelsüßes Paprikapulver

2 EL frische Thymianblätter

1. Den Backofen auf 180 °C vorheizen.

2. Die Margarine in einem mittelgroßen Topf auf mittlerer Stufe zerlassen. Mehl und Muskatnuss dazugeben und 2 Minuten unter Rühren anschwitzen. Temperatur reduzieren. Nach und nach unter ständigem Rühren den Mandeldrink zugießen, bis eine homogene Masse entstanden ist. Die Hefeflocken untermischen. Temperatur erhöhen und Sauce unter Rühren 10 Minuten garen, bis sie zu kochen beginnt. Topf vom Herd nehmen und Sauce mit Salz und Pfeffer würzen.

3. Eine ofenfeste Form mit 3 l Fassungsvermögen einfetten. Die Kartoffelscheiben in die Form schichten. Mit der hellen Sauce übergießen.

4. Die Form mit Alufolie abdecken und Gratin 40 Minuten im Ofen backen. Die Folie abnehmen und die Kartoffeln weitere 40 Minuten backen. Mit Mandeln und Paprikapulver bestreuen und 10 Minuten backen, bis die Kartoffeln goldbraun sind.

5. Das Kartoffelgratin mit Thymianblättern bestreuen. Vor dem Servieren 10 Minuten stehen lassen.

Variante: Anstelle der Kartoffeln können Sie auch Süßkartoffeln verwenden, in diesem Fall muss die Backzeit jedoch verkürzt werden. Nach Belieben können Sie für zusätzliche Knusprigkeit sorgen, indem Sie außer den Mandeln noch Semmelbrösel über das Gratin streuen.

VEGANE BENTO-BOX

ZUBEREITUNGS- UND KOCHZEIT: 1 STUNDE ERGIBT: 18 STÜCK

200 g Sushi-Reis

2 EL Sushi-Würze

2 große Eiertomaten (180 g)

2 EL Sojasauce

5 g getrocknete Wakame-Algen, gemahlen (siehe Tipp)

2 TL Ingwer, frisch gerieben

2 TL Srirachasauce

1 TL Sesamöl

3 Nori-Blätter (10 g)

½ kleine Avocado (100 g), Fruchtfleisch in Würfel geschnitten

½ kleine Gurke (50 g), in 1 cm große Stifte geschnitten

80 g TK-Edamame (Sojabohnen), blanchiert

2 EL eingelegter Ingwer

1 TL Sesamsamen, geröstet

1 EL vegane Mayonnaise

1. Den Reis in ein Sieb geben und unter kaltem Wasser spülen, bis das Wasser klar bleibt. Den gespülten Reis mit 375 ml Wasser in einen Topf füllen und aufkochen. Hitze reduzieren und Reis zugedeckt 10 Minuten köcheln lassen, bis er das Wasser aufgenommen hat. Den Topf vom Herd nehmen und zugedeckt 5 Minuten stehen lassen. Das Sushi-Gewürz zum noch heißen Reis geben und mit einer Gabel 5 Minuten einarbeiten, bis der Reis klebrig wird und etwas abgekühlt ist.

2. In die Unterseite jeder Tomate ein Kreuz einschneiden. Die Tomaten in eine hitzebeständige Schüssel legen und mit kochendem Wasser übergießen, sodass sie ganz damit bedeckt sind. 1 Minute stehen lassen, bis die Haut sich zu lösen beginnt. Tomaten mit einem Schaumlöffel herausheben und in eine Schüssel mit Eiswasser setzen. Wenn sie so weit abgekühlt sind, dass man sie anfassen kann, die Haut abziehen.

3. Die Tomaten halbieren, die Kerne entfernen und das Fruchtfleisch in 1 cm große Würfel schneiden.

4. Sojasauce, gemahlene Algen, Ingwer, Srirachasauce und Sesamöl in einer kleinen Schüssel gründlich verquirlen. Die Tomatenwürfel dazugeben und unterrühren, sodass sie gut mit der Marinade überzogen sind. 30 Minuten stehen lassen.

5. Ein Nori-Blatt mit der glänzenden Seite nach unten so auf eine Sushi-Matte legen, dass die lange Seite vor Ihnen liegt. Mit angefeuchteten Händen ⅓ der Reismenge auf dem Nori-Blatt verteilen, dabei oben einen 2 cm breiten Streifen frei lassen. ⅓ der Tomatenmischung, der Avocado und der Gurke in der Mitte auf den Reis geben. Mit der Sushi-Matte das Blatt von Ihnen weg fest aufrollen. Den frei gebliebenen Streifen etwas anfeuchten und die Rolle verschließen. Vorgang mit den restlichen Zutaten zweimal wiederholen, um insgesamt 3 Sushi-Rollen zuzubereiten.

6. Jede Sushi-Rolle in 6 Stücke schneiden. Die Sushi mit Edamame, eingelegtem Ingwer, Sesamsamen und veganer Mayonnaise servieren.

Tipp: Mit einer Gewürzmühle oder einer leistungsstarken Mini-Küchenmaschine können Sie die Algen ganz einfach zu einem groben Pulver zermahlen.

KÜRBIS-AHORNSIRUP-WAFFELN MIT PEKANNÜSSEN

ZUBEREITUNGS- UND BACKZEIT: 1 STUNDE (+ RUHEZEIT)
FÜR: 4 PERSONEN

200 g Dinkelmehl

2 TL Backpulver

½ TL Meersalzflocken

2 TL Mixed Spice
(englische Gewürzmischung
für süße Gerichte mit Zimt,
Muskat, Ingwer und mehr)

180 ml Mandeldrink

60 ml Olivenöl

120 g Kürbispüree (siehe Tipp)

2 EL Ahornsirup, plus mehr
zum Servieren

2 TL Vanilleextrakt

Kochspray

4 Kugeln Vanille-Soja-
speiseeis

80 g Pekannusskerne,
grob gehackt, geröstet

1. Mehl, Backpulver, Salz und Gewürzmischung in eine große Schüssel sieben. In einer zweiten Schüssel Mandeldrink, Olivenöl, Kürbispüree, Ahornsirup und Vanilleextrakt verrühren.
2. Die Kürbismischung zu der Mehlmischung gießen. Alles gut verrühren, einige Klümpchen dürfen bestehen bleiben. Den Teig 10 Minuten ruhen lassen.
3. Ein Waffeleisen vorheizen und mit dem Kochspray einsprühen. Den Teig vorsichtig umrühren. ⅛ des Teigs in die Mitte des Waffeleisens gießen, sodass der Boden gerade bedeckt ist, und den Deckel schließen. Waffel in 3 Minuten goldbraun backen. Herausnehmen und auf ein Kuchengitter legen. Vorgang mit dem restlichen Teig wiederholen. Insgesamt 8 Waffeln backen.
4. 2 Waffeln mit jeweils 1 Kugel Speiseeis, gehackten Pekannüssen und etwas Ahornsirup servieren.

Tipp: Für das Kürbispüree den geschälten, entkernten und gehackten Kürbis mit 1 Esslöffel Wasser in eine für die Mikrowelle geeignete Schüssel geben und auf hoher Stufe (100 Prozent) in 8 Minuten weich garen. Mit einer Gabel zerdrücken. Alternativ den Kürbis in einem mit kochendem Wasser gefüllten Topf mit Dämpfeinsatz weich dünsten und dann zerdrücken.

GLOSSAR

Ahornsirup, wird auch als reiner Ahornsirup bezeichnet. Er wird aus dem Pflanzensaft des Zucker-Ahorns destilliert, den man nur in Kanada und den USA findet. Sirup mit dem Aroma von Ahornsirup oder Pancake-Sirup ist kein adäquater Ersatz für den echten Ahornsirup.

Backkakao Er wird hergestellt in einem als Kaltpressung bezeichneten Verfahren und dabei entölt. Er behält dadurch mehr Nährstoffe als das bei einer Heißpressung erzeugte Kakaopulver. Der Geschmack ist zudem intensiver, leicht bitter.

Backpulver Ein Treibmittel, das hauptsächlich aus zwei Teilen Weinstein auf einen Teil Backsoda (Natriumbicarbonat) besteht.

Buchweizen Krautige Pflanze aus der Familie der Knöterichgewächse, er ist kein Getreide und daher glutenfrei. Erhältlich ist er als Mehl, außerdem zu groben, mittleren oder feinen Körnchen gemahlen (für Buchweizengrütze), die ähnlich wie Polenta verwendet werden, oder als Schrot.

Chiasamen enthalten Eiweiß und alle essenziellen Aminosäuren sowie viele Vitamine, Mineralstoffe und Antioxidantien. Zudem sind sie ballaststoffreich.

CHILI
Cayennepfeffer ist eine lange, dünnfleischige, äußerst scharfe rote Chilischote, die normalerweise getrocknet und gemahlen verkauft wird.

Chipotle, gesprochen tschi-pot-le. So werden Jalapeño-Chilis genannt, sobald sie getrocknet und geräuchert sind. Sie haben ein intensives, rauchiges Aroma, sind nicht zu scharf und entweder als ganze Früchte, als Pulver bzw. Paste oder eingelegt in Adobo-Sauce erhältlich.

Chiliflocken, auch als geschrotete Chilischoten im Handel. Getrocknete, tiefrote, sehr kleine Stücke und ganze Samen.

Grüne Chilis Alle unreifen Chilischoten, aber auch einige besondere Sorten, die im Reifezustand grün sind, wie Jalapeño, Habanero, Poblano oder Serrano.

Jalapeño, gesprochen Cha-la-pen-jo. Recht scharfe, mittelgroße, dickfleischige dunkelgrüne Chili. Erhältlich ist sie eingelegt, in der Dose oder im Glas und frisch beim Gemüsehändler.

Lange rote Chilis. Sowohl frisch als auch getrocknet erhältlich. Allgemeiner Begriff für alle mäßig scharfen, langen dünnen Chilischoten (6–8 cm lang).

Kleine rote Chilis. Sehr klein, sehr scharf und kräftig rot.

Daikon-Rettich oder Winterrettich. Dieser lange weiße Rettich hat ein wunderbar süßes Aroma.

Edamame (enthülste Sojabohnen) Tiefgekühlt in Asialäden und einigen Supermärkten erhältlich.

ESSIG
Apfelessig, hergestellt aus fermentierten Äpfeln.

Reisweinessig, hergestellt aus Reisweinhefe, Salz und Alkohol.

Weinessig, hergestellt aus Weiß- oder Rotwein.

Fenchel Rundliches Knollengemüse mit 8–12 cm Durchmesser und einem milden Geruch und Geschmack nach Lakritze. Die Knolle hat ein leicht süßes, anisähnliches Aroma, die Blätter schmecken viel kräftiger. Die getrockneten Samen haben ebenfalls ein Lakritzaroma.

Gerste Nahrhaftes Getreide, das für Suppen und Eintöpfe verwendet wird. Graupen enthalten viele Ballaststoffe. Bei Perlgraupen werden die Hülsen entfernt, anschließend werden die Graupen gedünstet und poliert, sodass vom ursprünglichen Korn nur noch die »Perle« übrig bleibt, ähnlich wie beim weißen Reis.

Hirse Kleinfrüchtiges Getreide mit leicht nussigem, maisähnlichem Aroma. Gepuffte Hirse sind Körner, die unter hohem Druck mit Dampf verarbeitet werden, sodass sie ihr Volumen vergrößern und sich aufblähen. Erhältlich in Reformhäusern und den Bio-Abteilungen großer Supermärkte.

INGWER
Frischer Ingwer Die dicke knorrige Wurzel einer tropischen Pflanze.

Eingelegter Ingwer Hauchdünn gehobelter Ingwer, eingelegt in einer Mischung aus Essig, Zucker und einem natürlichen Farbstoff. Wird in der japanischen Küche verwendet.

Kardamom Aus Indien stammendes Gewürz, das in der indischen Küche sehr viel eingesetzt wird. Erhältlich ist es in Form von Kapseln, Samen oder Pulver.

Keimsprossen Zarte Triebe verschiedener Gemüse und Saaten, die als Keimlinge verzehrt werden.

Kichererbsen werden in der mediterranen, indischen und lateinamerikanischen Küche sehr gern verwendet. Auch nach dem Kochen haben Kichererbsen noch eine feste Textur, sie fühlen sich im Mund mehlig an und weisen ein kräftig nussiges Aroma auf. Zu kaufen gibt es sie gekocht in Gläsern oder Dosen oder getrocknet.

KOKOSNUSS
Kokosflocken oder Kokosraspel Getrocknetes geraspeltes Fruchtfleisch.

Kokosmilch Nicht die Flüssigkeit in der Kokosnuss (Kokoswasser), sondern die verdünnte Flüssigkeit aus der zweiten Pressung des weißen Fruchtfleisches einer reifen Kokosnuss (die erste Pressung ergibt Kokossahne).

Kokosöl Es wird aus dem Fruchtfleisch extrahiert, daher sind darin weder Ballaststoffe noch Eiweiß oder Kohlenhydrate enthalten wie in der ganzen Kokosnuss. Die beste Qualität ist natives Kokosöl, das aus getrocknetem Kokosnussfleisch gepresst wird und bei dem weder Lösungsmittel noch andere Bearbeitungsverfahren zum Einsatz kommen.

Kokos-Chips Schmale Streifen getrocknete Kokosnuss.

Koriander, auch bekannt als Chinesische Petersilie, Kaliander oder Wanzenkümmel, im angloamerikanischen Sprachraum als Cilantro. Ein grünes Gewürzkraut mit kräftigem Aroma. Auch Stängel und Wurzeln werden zum Kochen verwendet, vor Gebrauch gründlich waschen. Erhältlich ist Koriander frisch, gemahlen oder als Samen. Diese sollten nicht als Ersatz für das Koriandergrün verwendet werden, da ihr Geschmack völlig anders ist.

Kreuzkümmel, auch bekannt als Cumin oder Römischer Kümmel. Von der Größe her ähnelt er dem Kümmel. Es handelt sich um die Samen einer Pflanze aus der Gattung Petroselinum mit würzigem, nussigem Aroma.

Kurkuma, auch als Gelbwurz bezeichnet, ist ein Rhizom, das dem Ingwer oder dem Galgant ähnelt. Die Kurkuma muss gerieben oder zerstampft werden, um ihr leicht bitteres Aroma und ihren feinherben Geschmack zu entfalten. Frische Kurkuma, die für ihre goldgelbe Farbe bekannt ist, die sie abgibt, kann durch getrocknetes Pulver ersetzt werden, das überall erhältlich ist. (Verwenden Sie 1 Teelöffel gemahlene Kurkuma statt 20 g frischer).

Linsen (rote, braune, gelbe) Getrocknete Hülsenfrüchte, die oft anhand ihrer Farbe identifiziert und benannt werden. Gegessen werden sie in allen Kulturen der Welt, am bekanntesten vielleicht in Form der indischen Dhal.

MANDELN

blanchiert Dabei werden die braunen Häutchen entfernt.

Mandelmehl Die Mandeln werden zu einer mehlähnlichen groben Textur gemahlen.

MEHL

Kichererbsenmehl Gelbes Mehl aus Kichererbsen, sehr nahrhaft.

Weizenmehl Gängiges Mehl zum Backen und Kochen.

Vollkornmehl Es wird mit dem Keim gemahlen und enthält daher mehr Ballast- und Nährstoffe als normales Mehl.

Miso, fermentierte Sojabohnenpaste. Es gibt viele Arten Miso, jede hat ihre Eigenarten hinsichtlich Aroma, Geschmack, Farbe und Textur. Im Kühlschrank hält sich Miso in einem luftdicht schließenden Behälter ein Jahr lang.

Natron (Natriumbicarbonat) Treibmittel.

Nährhefeflocken Ein Würzmittel, das für einen leckeren käseähnlichen Umami-Geschmack sorgt. Eine gute Quelle für Proteine und B-Vitamine. Suchen Sie nach einem Produkt, das mit Vitamin B12 angereichert ist, das für die Entwicklung gesunder Blutzellen und die Vorbeugung von Blutarmut benötigt wird und bei veganer Ernährung nur durch angereicherte Lebensmittel oder eine Nahrungsergänzung zugeführt werden kann. Erhältlich in Reformhäusern/Bio-Läden.

Naturtofu Hergestellt durch Pressen des Bohnenquarks, um den Großteil des Wassers zu entfernen.

Seidentofu wird nicht gepresst, nachdem die Sojamilch erhitzt wurde und geronnen ist, und enthält deshalb mehr Wasser als anderer Tofu. Er weist eine cremige, quarkähnliche Konsistenz auf.

Nori Eine getrocknete Algenart, verwendet als Geschmacksstoff, Garnitur oder für Sushi. Ist in Form dünner Blätter erhältlich, natur oder geröstet (Yaki Nori).

ÖL

Kokosöl Siehe Kokosnuss

Traubenkernöl wird aus Traubenkernen gewonnen und ist im Supermarkt erhältlich.

Olivenöl wird aus reifen Oliven gewonnen. Olivenöl extra und natives Olivenöl stammen aus der ersten bzw. zweiten Pressung der Oliven.

Erdnussöl wird aus gemahlenen Erdnüssen gepresst. Da es sehr hoch erhitzbar ist, ohne zu verbrennen, wird es in der asiatischen Küche meistens verwendet.

Sesamöl wird eher als Würzmittel verwendet, weniger zum Kochen.

Pflanzenöle Aus Ölpflanzen gewonnene Öle

Palmkohl (Cavolo nero) hat lange, schmale und krause Blätter und einen intensiven, leicht kohlähnlichen Geschmack, er wirkt leicht adstringierend. Anders als Mangold oder Spinat verliert er beim Kochen nicht an Volumen, benötigt jedoch eine längere Kochzeit.

Paprikapulver Getrocknete und gemahlene rote Paprika. Es gibt edelsüßes, rosenscharfes und geräuchertes Paprikapulver.

Rösten Kokosraspel, Pinienkerne und Sesamsamen lassen sich am besten bei schwacher Hitze in einer Bratpfanne mit schwerem Boden und ohne Öl unter ständigem Rühren rösten. Wenn sie goldbraun werden, sofort aus der Pfanne nehmen. Nüsse und getrocknete Kokosnuss (Chips) können Sie im Backofen rösten, damit sie ihr Aroma entfalten können. Gleichmäßig auf einem Backblech verteilen und bei 180 °C 5 Minuten backen.

SENF

nach amerikanischer Art bzw. milder Senf Kräftig gelbe Farbe, ein süßer Senf, der Senfkörner, Zucker, Salz, Gewürze und Knoblauch enthält. Passt gut zu Hotdogs und Burgern.

Dijon-Senf Hellbraun, cremig, von unverwechselbarem Geschmack, ein milder französischer Senf.

Sesamsamen Meist werden schwarze und weiße Sesamsamen verwendet, es gibt aber auch rote und braune Sorten.

Szechuanpfeffer, auch Sichuanpfeffer oder Chinesischer Pfeffer, stammt aus der chinesischen Provinz Sichuan und wächst am Japanischen Pfefferstrauch. Obgleich er mit dem Schwarzen Pfeffer nicht verwandt ist, sehen die kleinen rotbraunen und aromatischen Szechuanbeeren wie schwarze Pfefferkörner aus. Sie haben einen unverwechselbaren pfeffrigzitronigen Geschmack.

Tahini Eine reichhaltige Paste aus Sesamsamen, die in den Küchen des Mittleren Ostens, insbesondere der libanesischen Küche, für Dips und Saucen verwendet wird.

Tamari Eine dickflüssige dunkle Sojasauce, die hauptsächlich aus Sojabohnen hergestellt wird und ohne Weizen auskommt, der bei den meisten Standard-Sojasaucen enthalten ist.

Tamarinde Der Tamarindenbaum produziert Gruppen behaarter brauner Schoten, die jeweils mit Samen und einer dickflüssigen Pulpe gefüllt sind, die getrocknet und in Blöcke gepresst werden. In Asialäden erhältlich. Tamarinde gibt Marinaden, Pasten, Saucen und Dressings einen süßsauren Geschmack und wirkt leicht adstringierend.

Tempeh Produkt aus fermentierten Sojabohnen, die mithilfe einer geschmacksneutralen Pilzkultur zusammengehalten werden, Es stammt ursprünglich aus Indonesien.

Tofu, auch Bohnenquark genannt, wird aus der »Milch« zerdrückter Sojabohnen hergestellt. Man bekommt Tofu frisch in weicher oder fester Form und verarbeitet als gebratene oder gepresste getrocknete Platten. Frischer Tofu kann in Wasser (täglich wechseln) 4 Tage im Kühlschrank aufbewahrt werden.

VANILLE

Vanilleextrakt muss zu 100 Prozent aus Vanilleschoten bestehen und wird mittels alkoholischer Extraktion gewonnen.

Vanillepaste wird aus Vanilleschoten hergestellt und enthält die Vanillesamen. Sie ist hoch konzentriert: 1 Teelöffel ersetzt eine ganze Vanilleschote. In den meisten Supermärkten bei den Backzutaten zu finden.

Quinoa Samen einer krautigen Pflanze, ähnlich dem Spinat. Sie hat einen köstlichen, leicht nussigen Geschmack und behält einen kernigen Biss.

ZUCKER

Brauner Zucker Sehr weicher, feinkörniger Zucker, für dessen typische Farbe und Geschmack Melasse verantwortlich sind.

Streuzucker (extrafein) Feinkörniger Tafelzucker.

Kokoszucker wird nicht aus Kokosnüssen hergestellt, sondern aus dem Blütennektar der Kokospalme. Kokoszucker hat optisch etwas Ähnlichkeit mit Rohzucker oder hellbraunem Zucker und hat auch einen ähnlichen Karamellgeschmack. Zudem entspricht die Menge an Kilojoules genau dem von normalem weißen Haushaltszucker.

Demerara-Zucker Ein klein-körniger, goldbrauner Kristallzucker.

Puderzucker oder Staubzucker. Pulverisierter weißer Zucker.

Palmzucker, auch Jagara, wird aus dem Saft der Zuckerpalme und verschiedener weiterer Palmenarten gewonnen. Er ist hellbraun bis schwarz und wird üblicherweise in Form steinharter Küchlein verkauft. Alternativ kann brauner Zucker verwendet werden.

ZWIEBELN

Frühlingszwiebeln Unreife Zwiebeln, die geerntet werden, bevor sich die Knolle gebildet hat. Sie haben einen langen, kräftig grünen Stängel.

Rote Zwiebel, auch als Bermuda- oder Bombayzwiebel bezeichnet. Eine große, purpurrote Zwiebel mit süßem Geschmack.

Schalotte, auch Edelzwiebel oder Askalonzwiebel genannt. Kleine längliche Zwiebel mit brauner Schale.

ZUR VERWENDUNG DES BUCHS

Allgemeiner Hinweis

Wenn Obst oder Gemüse verwendet wird, soll dieses gewaschen bzw. geputzt und je nach
Sorte geschält, entkernt oder Ähnliches werden.

Maßeinheiten

Ess- und Teelöffelangaben beziehen sich immer auf einen gestrichenen Löffel.
Am genauesten lassen sich trockene Zutaten durch Abwiegen bestimmen. Für das Abmessen
von Flüssigkeiten verwenden Sie einen durchsichtigen Glas- oder Plastikmessbecher mit
entsprechenden Markierungen.
Die Abmessungen von Kuchenformen sind ungefähre Maße. Wenn Sie Kuchenformen mit
ähnlichen Abmessungen verwenden, sollte das Backergebnis nicht beeinflusst werden.
Die Formen werden oben von Rand zu Rand gemessen.
Wir verwenden große Eier mit einem Durchschnittsgewicht von 60 g.

Backofentemperaturen

Die Temperaturen, die im vorliegenden Buch angegeben sind, beziehen sich auf konventionelle
Backöfen mit Ober- und Unterhitze. Wenn Sie mit einem Umluftherd arbeiten, reduzieren Sie
die Temperatur um 10–20 °C.

ZUTATENREGISTER

REZEPTREGISTER

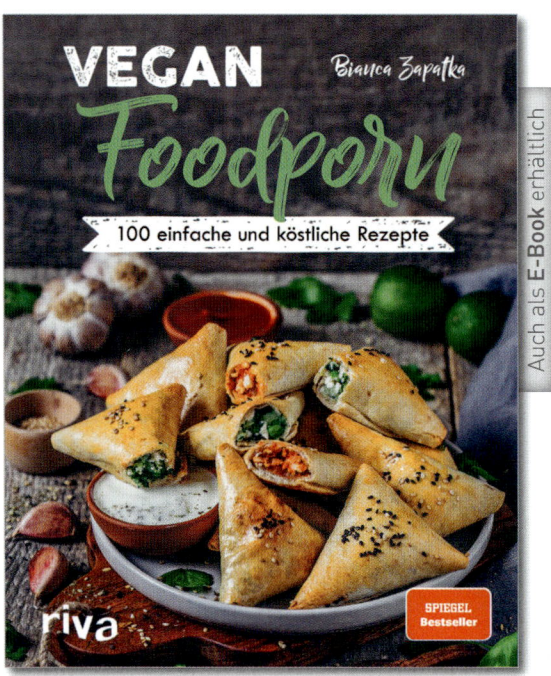

272 Seiten
22,00 € (D) | 22,70 € (A)
ISBN: 978-3-7423-1145-0

Bianca Zapatka

Vegan Foodporn

100 einfache und
köstliche Rezepte

»Wow, und das ist vegan?!« ist die häufigste Re-aktion auf die Fotos von Food-Bloggerin und Instagram-Star Bianca Zapatka. Biancas Küche ist vegan – aber alles andere als langweilig. Ihre Kreationen sind ein wahrer Augenschmaus und so köstlich, dass nicht nur Veganer begeis-tert sind. Ob Vanille-Pancakes mit Blaubeer-Creme und weißer Schokolade, Burrito-Samosas mit Guacamole, Tortellini mit Mandel-Ricotta oder Erdnussbutter-Schokoladen-Torte – in ihrem außergewöhnlichen Kochbuch verrät Bianca ihre 100 liebsten Gerichte und zeigt, wie viel Spaß veganes Kochen machen kann. Mit-hilfe von Schritt-für-Schritt-Bildern und prakti-schen Tipps und Tricks kann wirklich jeder die Rezepte leicht nachkochen und seinen eigenen Foodporn kreieren.

320 Seiten
24,99 € (D) | 25,70 € (A)
ISBN: 978-3-7423-1436-9

Bianca Zapatka

Vegan Soulfood

100 wunderbare Gerichte,
die glücklich machen

Vegane Küche, die glücklich macht!

Mit 100 neuen fantastischen Rezepten beweist die Food-Bloggerin Bianca Zapatka, wie vielfältig vegane Kreationen sein können. Süße und herzhafte Frühstücksideen für den perfekten Start in den Tag, leichte Salate und erfrischende Getränke oder klassische Wohlfühlgerichte für kalte Wintertage – hier findet man Soulfood, das jeden glücklich macht. Alle Rezepte sind mit Nährwertangaben versehen, damit man einen guten Überblick hat. Denn leckeres Essen muss nicht viele Kalorien haben, um zu schmecken. Saftige Blaubeer-Scones, Blumenkohl-Steaks mit Nusskruste, japanische Dumplings mit Chilisoße oder ein cremiger Schoko-Cheesecake? Oder alles auf einmal? Gar kein Problem: Mit den bebilderten Schritt-für-Schritt-Anleitungen ist das Nachkochen kinderleicht. Denn Biancas vegane Küche ist nicht unglaublich kompliziert, sondern einfach nur unglaublich lecker!

Bibliografische Information der Deutschen Nationalbibliothek

Die Deutsche Nationalbibliothek verzeichnet diese Publikation in der Deutschen Nationalbibliografie. Detaillierte bibliografische Daten sind im Internet über http://d-nb.de abrufbar.

Für Fragen und Anregungen

info@rivaverlag.de

Wichtiger Hinweis

Ausschließlich zum Zweck der besseren Lesbarkeit wurde auf eine genderspezifische Schreibweise sowie eine Mehrfachbezeichnung verzichtet. Alle personenbezogenen Bezeichnungen sind somit geschlechtsneutral zu verstehen.

1. Auflage 2022
© 2022 by riva Verlag, ein Imprint der Münchner Verlagsgruppe GmbH
Türkenstraße 89
80799 München
Tel.: 089 651285-0
Fax: 089 652096

Die englische Originalausgabe erschien 2019 in Australien bei Are Media Pty Limited unter dem Titel *Easy Vegan*. © 2019 by Are Media Pty Limited. All rights reserved.

Übersetzung: Christa Trautner-Suder
Redaktion: Caroline Kazianka
Umschlaggestaltung: Isabella Dorsch
Umschlagabbildungen und Abbildungen im Innenteil: Jeremy Simons
Satz: inpunkt[w]o, Haiger (www.inpunktwo.de)
Druck: Firmengruppe APPL, aprinta Druck, Wemding
Printed in Germany

ISBN Print 978-3-7423-1958-6
ISBN E-Book (PDF) 978-3-7453-1692-6
ISBN E-Book (EPUB, Mobi) 978-3-7453-1693-3

Weitere Informationen zum Verlag finden Sie unter

www.rivaverlag.de

Beachten Sie auch unsere weiteren Verlage unter www.m-vg.de